KB060976

취업을 뽀개는
면접 레볼루션

취업을 뽀개는
면접 레볼루션

김단 지음

일에일북

면접은 '나'를 세일즈하는 프레젠테이션이다

전 세계에서 가장 말을 잘한다고 하는 사람들이 한곳으로 모이고 있다. 뉴욕 맨해튼 남부 허드슨가에 위치한 한 사무실. 벽에는 거대한 LCD TV가 있고, TV 화면에 표기된 수십 명의 이름 옆에는 숫자가 빠른 속도로 올라가고 있다. 1만, 2만, 10만…. 이곳은 어디일까? 바로 '확산될 가치가 있는 아이디어(Ideas Worth Spreading)'라는 기치 아래 전 세계에서 가장 큰 지식 공유 콘퍼런스를 주최하고 있는 '테드(TED; Technology, Entertainment, Design)'의 사무실이다.

『그릿』의 저자 앤절라 더크워스, 『싱크 어게인』의 저자 애덤 그랜트, 『타이탄의 도구들』의 저자 팀 페리스, 환경운동가 그레타 툰베리 등 내로라하는 전 세계 지식인들의 발걸음이 오늘도 테드로 향하고 있다. 테드 콘퍼런스의 입장료는 6천 달러에서 1만 2천 달러 사이, 즉 한화로 700만 원이 넘는다고 한다. 고액의 입장료뿐만 아니라 테드는 유튜브사업으로도 큰 수익을 올리고 있다. 2000년 1,400만 달러에 테드를 인수한 크리스 앤더슨은 파격적인 실험을 통해 지식산업의 지형을 바꿨다. 하루 평균 200만 명의 시청자가 테드 강연을 시청하고 있으며, 누적 시청자 수는 어느새 10억 명을 넘어섰다. 이렇듯 북미 지역에서 명연사의 스피치는 하나의 거대한 쇼산업이 되었다.

그렇다면 연사들은 8대의 고화질 카메라가 비추는 단상 위에서 수백수천 명의 관중과 소통하기 위해 어떤 준비를 할까? 2021년 제93회 아카데미 여우조연상을 수상한 윤여정 배우는 다음과 같이 말했다.

"나의 연기는 열등의식에서 시작했어요. 먹고살려고 한 연기가 내게는 절실했죠. 대본은 내게 성경과도 같았어요. 누군가가 브로드웨이로 가는 길을 묻자 '연습(Practice)'이라는 대답이 나왔다는 말이 있어요. 아무튼 나도 많이 노력했어요."

연습이 브로드웨이로 가는 길이라는 말은 배우들 사이에서 유명한 격언이다. 테드 강연도 똑같다. 답은 연습이다. 연사들은 무대에 서기 한 달 전부터 전문 스크립터의 도움을 받아 스크립트를 수정하고, 질릴 정도로 리허설을 반복한다. 농담의 타이밍이 적절한지, 말이 너무 빠르지는 않는지, 제스처가 자연스러운지 등을 꼼꼼하게 살피며 수십 번 반복해서 연습하는 것이다.

테드 강연에 참여한 소설가 트레이시 슈발리에의 말이다.

"테드 팀원들은 리허설을 아주 많이 강조했어요. 연습하라는 말을 너무 많이 들어서 짜증이 날 정도였죠. 사실 강연 경험은 많았지만 이곳이 기대하는 정도로 연습한 적은 한 번도 없었거든요. 힘들었지만 강연이 끝난 뒤에는 난데없이 평소와 다른 기쁨을 느끼게 되었어요. 평소 제 연설에는 잡소리가 많았는데 이번에는 그러지 않았거든요."

실제로 테드에서 '질문의 기술'을 주제로 강연한 가수 아만다 파머는 반복되는 리허설에 지쳐 강연을 포기할 뻔하기도 했다. 우리가 테드를 통해 보는 명사들의 자연스러운 제스처와 적절한 유머는 모두 철저한 기획의 결과물이었던 것이다. 그들이 강연 당일에 하는 일이라곤 그저 리허설 때 수없이 반복한 내용을 출력해서 가져오는 것뿐이었다.

나름대로 강연 경험이 풍부한 이들이 이렇게까지 스스로를 혹사시키면서 연습에 몰두한 이유는 무엇일까?

첫 번째, 말하고자 하는 바를 '효율적'으로 전달하기 위해서다. 테드를 흔히 18분의 잘 짜여진 드라마라고 부른다. 테드에서 정해놓은 18분 시간제한 룰 때문인데, 테드의 강연은 카페에 앉아 아메리카노를 앞에 두고 2~3시간씩 편하게 나누는 신변잡기식 대화가 아니다. 연사들은 18분이라는 짧은 시간 안에 관객들을 매료시킬 만한 메시지를 전하기 위해 끊임없이 고민한다. 대중이 메시지를 매력적으로 느낄 수 있도록 섬세하게 다듬어 스크립트를 완성한다. 18분 동안 '이제' '음' '그러니까'와 같은 쓸데없는 '간투어'가 들어갈 공간은 없다. 간투어 없이 말하고자 하는 바를 명료하고 깔끔하게 전달하기 위해 스크립트를 철저하게 외우고 연습하기 때문이다.

두 번째, 말하고자 하는 바를 '안정적'으로 전달하기 위해서다. 아무리 강연자가 강연 경험이 많아도 테드의 지식 공유 콘퍼런스는 부담스러운 자리다. 일단 규모부터 평범하지 않다. 고화질 대형 카메라를 코앞에 두고 어떠한 보조도구 없이 수백수천 명의 관중을 말로써 설득시켜야 하기 때문이다. 압박감을 느낄 수밖에 없다. 그래서 수십 번의 리허설 과정을 통해 상황에 대한 내성을 키우는 것이다. 테드의 연사들은 상황에 대한 통제력을 가진 상태에서만 무대에 오를 수 있다. 변수에 대한 민감도를 줄이기 위해, 강연을 무사히 '완수'하기 위해 번거롭고 수고스러운 리허설 과정을 반복한다. 안정적인 연설과 효율적인 전달을 위해 내로라 하는 명연설가조차 각고의 노력을 기울인다.

우리는 테드를 통해 무엇을 배워야 할까? 테드의 강연과 면접 은 몇 가지 큰 공통점이 있다.

첫 번째는 압박감이다. 면접장에서 우리는 손에 쥘 수 있는 것 이 전혀 없다. 맨손으로 입장해야 한다. 주머니에 손을 넣을 수도 없고, 강단에 몸을 기댈 수도 없고, 잠시 농담으로 숨을 고를 수도 없는 굉장히 지독한 환경이다. 동시에 근거리에서 자신만 바라보 는 4~5명의 면접관이 내뿜는 날카로운 압박감은 구름 관중이 주 는 압박감과 별반 다르지 않다.

두 번째는 시간제한이다. 전체 면접시간은 20~30분 정도로 개인에게 할당되는 시간은 5~10분가량이다. 즉 자기 자신을 세 일즈해 면접관을 설득시킬 수 있는 시간이 최대 10분밖에 주어 지지 않는다. 그래서 우리도 테드의 연사들처럼 전달하고자 하는 메시지를 최대한 다듬어야 하는 것이다.

세 번째는 눈앞의 상대를 설득시켜야 한다는 점이다. 면접이 란 결국 채용을 목표로 짧은 문답을 주고받아 면접관을 설득시키 는 일이다. 다시 말해 회사가 자신을 왜 선택해야 하는지에 대한 답을 제시하는 가치 증명의 과정이다.

즉 면접은 앉아서 하는 테드 강연이자 '나'를 세일즈하는 프레젠테이션이다. 면접은 합격의 당락을 결정 짓는 최종 관문이자 취업의 마지막 문턱이다. 여러분에게 묻고 싶다. 면접 준비에 얼마나 많은 노력을 기울이고 있는가? 테드의 연사들과 비교하면 당연히 우리의 강연 경험은 빈곤하고, 스크립트의 퀄리티는 떨어진다. 그러므로 좋은 결과를 얻기 위해서는 그들보다 더 많이 노력하고 철저하게 연습해야만 한다. 그런데 혹시 스터디카페에 둘러앉아 자기소개서를 몇 번 낭독하고, 소위 '족보'라는 것을 돌려보며 임기응변 능력만 갈고닦고 있지는 않은가? 면접에서 높은 점수를 받고 싶다면 지금이라도 방법을 달리해야 한다.

취업의 길은 멀고, 험하고, 좁다. 이 지난한 길을 걷는 과정에서 많은 사회초년생이 시행착오와 아픔을 겪는다. 같은 고난을 경험했던 취업 선배이자 이커리어의 취업·진로 컨설턴트로서, 나는 보다 많은 취업준비생이 수월하게 이 고난의 길을 뚫어냈으면 하는 바람이다. 부디 많은 취업준비생이 이 책을 탐침 삼아 사회에 진입하는 과정에서 덜 다쳤으면 좋겠다.

김단

목차

PART 1

면접의 본질
: 대답이 아닌 설득의 기술

PART 2

엣지의 도구
: 어떻게 표현할 것인가?

PART 3

면접의 기술
: 5단계 답변 농축액

PART 4

연습하기
: 실전 대응 전략

면접의 본질
대답이 아닌 설득의 기술

면접은 '대처'가 아닌 '준비'의 영역

서류심사, 필기시험, 인적성검사, 논술시험 등은 사활을 걸고 준비하면서 면접 준비에는 소홀한 경우를 흔히 볼 수 있다. 많은 취업준비생이 면접 준비를 게을리하는 이유는 무엇일까? 면접이 예측 불가능하고 변수가 많아서 준비하는 게 별로 의미가 없다고 생각하기 때문이다. 다시 말해 노력과 성과의 상관관계가 낮다고 착각해 굳이 진심을 다해 노력하지 않는 것이다. 그러나 면접이 야말로 노력과 성과의 상관관계가 매우 높은 영역이다. 준비 과정 또한 꽤나 단순하고 직관적이다.

면접은 '대처'가 아닌 '준비'의 영역에 속하며 노력과 성과의 상관관계는 웨이트 트레이닝만큼이나 간명하다.

책을 덮을 때쯤이면 이 명제를 마음속 깊이 납득하게 될 것이다. 그리하여 명확한 방법론을 바탕으로 면접은 '운'이라는 잘못된 사고의 프레임을 전환한다면 그것만으로도 반은 성공이다.

그러나 안타깝게도 많은 취업준비생이 면접은 '준비'가 아닌 '대처'의 영역이라는 오해를 갖고 있다. 한국토익위원회에서 취업준비생 863명을 대상으로 성공적인 면접을 위해 필요한 역량

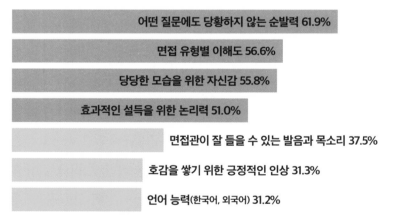

면접에 필요한 역량 설문조사(복수응답)

어떤 질문에도 당황하지 않는 순발력 61.9%
면접 유형별 이해도 56.6%
당당한 모습을 위한 자신감 55.8%
효과적인 설득을 위한 논리력 51.0%
면접관이 잘 들을 수 있는 발음과 목소리 37.5%
호감을 쌓기 위한 긍정적인 인상 31.3%
언어 능력(한국어, 외국어) 31.2%

자료: 한국토익위원회

을 물었다(복수응답). 그 결과 '어떤 질문에도 당황하지 않는 순발력(61.9%)'을 우선시하는 응답자가 가장 많았고, 면접 트렌드와 관련된 '면접 유형별 이해도(56.6%)'와 '당당한 모습을 위한 자신감(55.8%)'이 뒤를 이었다. '효과적인 설득을 위한 논리력' '면접관이 잘 들을 수 있는 발음과 목소리' '호감을 쌓기 위한 긍정적인 인상' '언어 능력(한국어, 외국어)'은 각각 51.0%, 37.5%, 31.3%, 31.2%였다.

설문조사 결과를 보면 취업준비생 대부분이 면접 유형별 이해도와 논리력, 언어 능력보다 '순발력'을 중요시한다는 것을 알 수 있다. 뒤에서 자세히 설명하겠지만 이는 명백한 착각이다. 우리가 면접에서 번번이 고배를 마시는 이유는 면접을 '준비'가 아닌 '대처'의 영역이라고 착각해 방향성을 잃었기 때문이다.

면접관을 사로잡는 답변은 손끝에서부터 출발한다

여기서 우리는 한 가지 애달픈 진실을 인정하고 시작해야 한다. 인간은 인지적 한계를 타고났기에 갑작스러운 주제에 관해 자신이 말하고자 하는 메시지를 온전히 표현할 수 없다. 바둑이

재밌는 이유는 제한된 시간 내에 가능한 최선의 수를 생각해내야 하기 때문이다. 이름난 기사라 하더라도 시합이 끝나면 복기(復棋)를 통해 판국을 돌아보고, 실수를 발견하면 '이렇게 두었다면 어땠을까?' 하는 아쉬움이 남기 마련이다.

댄스 경연 프로그램 〈스트릿 우먼 파이터〉를 보면 댄서마다 수백수천 번 반복해서 터득한 그들만의 루틴이 존재한다는 것을 알 수 있다. 음악을 듣고 그 자리에서 곧바로 자신이 생각하는 최선의 안무를 창작해낼 수는 없기 때문이다. 그래서 그들은 몇 개의 루틴을 바탕으로 즉흥적으로 나오는 음악에 맞춰 루틴을 결합하고 변형한 다음, 그 위에 프리스타일을 추가해 새로운 안무를 창작한다. 즉 댄서들이 사전에 똑같은 동작을 반복해서 연습하는 건 인지적 한계를 극복하기 위한 노력인 것이다.

따라서 우리도 겸손한 마음가짐으로 글로써 생각을 정리하고 면접장에 나서야 한다. 에이브러햄 링컨은 자신에게 나무를 벨 시간이 주어진다면 80%의 시간을 도끼를 가는 데 쓰겠다고 말했다. 또 『쇼펜하우어의 문장론』에는 이런 글이 있다.

위대한 저술가들은 책상에 앉기 전에 필요한 모든 사색을 끝마친다. 그들이 남긴 저작은 오래전에 자신의 머릿속에서 결론을 내린 확고한 신념의 결과물이다.

물론 유명인의 인터뷰를 보면 대본 없이 깔끔하고 명료하게 자신의 생각을 표현하는 달변가도 존재한다. 그들의 비결은 무엇일까? 달변가는 사전에 자신이 할 말을 '미리' 머릿속에 정리한다. 예를 들어 유발 하라리에게 『사피엔스』의 내용을, 앤절라 더크워스에게 『그릿』의 교훈을, 『타이탄의 도구들』의 저자 팀 페리스에게 자기 관리 비결을 묻는다면 그들은 모두 자신의 생각을 명확하고 또렷하게 답할 것이다. 이미 긴 시간을 거쳐 머리에서 생각의 정제를 마쳤기 때문이다. 그들에게 글은 생각을 정리하는 가장 효율적인 도구였다.

따라서 앤절라 더크워스, 팀 페리스, 벤 호로위츠 등 명저술가가 곧 명연설가인 것은 그리 이상한 일이 아니다. 국내에서 명연설가로 불리는 김미경, 김창옥 등이 여러 권의 책을 집필한 베스트셀러 작가인 점 또한 이 사실을 증명한다. 글로써 생각의 정제 과정을 거쳐야만 최선의 말이 나온다. 생각의 정제를 거치지 않고 면접장으로 나서는 도박은 하지 말자. 면접장에서 우리의 입을 통해 나오는 단어와 문장은 그냥 평범한 '말'이 아니다. 그 단어와 문장에 우리의 미래가 저당 잡혀 있다.

한번 비극적인 상황을 가정해보자. 만일 생각을 정제하지 않고 면접장에 나가면 어떻게 될까? 우선 제일 눈에 띄는 점은 간투어를 사용하게 된다는 것이다. 말과 말 사이에 시간을 끌기 위해 사용하는 추임새를 스피치 용어로 '간투어'라고 한다. 간투어는 말의 맥락을 깨고, 주저함과 머뭇거림을 고스란히 드러낸다. 그래서 말하는 사람을 취약해 보이게 한다. 우리가 의도하지 않았음에도 간투어를 사용하는 이유는 말을 하면서 생각하기 때문이다. 이름난 명연설가는 연단에서 간투어를 사용하는 비중이 낮다. 준비를 게을리하고 면접장 안에서 부랴부랴 무언가를 생각하는 건 면접관에게도, 스스로에게도 예의가 아니다.

혹시나 자신이 한 토론이나 프레젠테이션을 녹화해 들어본 적이 있는가? 얼마나 많은 간투어와 비문을 사용하는지 깜짝 놀랄 것이다. 면접을 보기 전에 주변에서는 흔히 "자신감 있게 하고 와. 자신감이 제일 중요해."라고 조언한다. 면접장에서의 자신감이란 어떤 형태로 표현될까? 목소리의 크기? 아니다. 목소리를 크게 하고 흥분하는 것은 감점 요인이다. 준비가 완벽한 사람은 차분하다. 구태여 증명할 필요가 없기에 흥분하지 않는다. 그저 준비된 자신을 있는 그대로 보여줄 뿐이다.

이 책을 읽고 있는 당신은 입시와 취업의 과정 속에서 수천 개의 영단어를 외우고, 수천 개의 수학문제를 풀며 이 자리에 섰을 것이다. 그깟 스크립트 몇 개 외우는 것쯤은 그간 우리가 해온 노력에 비하면 티끌과도 같다.

자신감을 위한
세 가지 요소

그럼 자신감은 어떤 형태로 발현되어야 할까? 만약 인공지능 면접이 대중화되어 자신감 있는 지원자만 골라내야 될 상황이 온다면 면접관은 합격자를 분별하기 위해 다음의 세 가지 값을 설정할 것이다.

1. 간투어 미사용
2. 고른 템포
3. 내용의 완결성

세 가지 요소를 토대로 지원자의 자신감을 측정할 수 있다고 자신한다. 이 책의 목적은 세 가지 요소를 갖추기 위한 세상에서 가장 구체적인 방법론(Framework)을 제시하는 것이다. 최소한의 목표는 면접장에서 간투어만이라도 사용하지 않도록 경각심을 일깨워주는 것이다. 면접은 결국 나와 회사를 주제로 한 대화이자 지원자의 가치 증명의 과정이다. 후술할 다섯 가지 유형의 스크립트를 완벽하게 준비한다면 어떤 질문에도 대응 가능한 교집합을 형성하게 될 것이다.

스크립트의 기능은 답변의 소재로만 한정되지 않는다. 꼭 그 내용을 온전히 사용하지 않더라도 일부 인용해 간편하게 입 밖으로 내보냄으로써 우리는 간투어 없이 생각할 시간을 벌 수 있다. 간투어를 남발하면서 맥락 없이 마음에도 없는 말로 시간을 버는 것보다 훨씬 나은 결과를 얻을 것이다. 면접관은 무엇이 외운 답변(Chunk)이고, 무엇이 면접장에서의 아이디어인지 구분하지 못한다. 예컨대 면접장에서 질문과 답변 사이에 주어지는 3초의 시간은 A부터 Z까지 새로운 생각을 하는 시간이 아닌, 이미 준비된 말들의 조합과 배열에 대해 순간적인 판단을 내리는 시간이다.

클리셰처럼 등장하는 드라마의 면접 신을 떠올려보자. 주인공은 간투어 하나 내뱉지 않고 자신감 있게 말한다. 그들이 똑똑해서 그런 것일까? 그렇지 않다. '글'로 적힌 대본을 닳도록 수십 번씩 암기했기 때문이다. 대다수의 면접자는 말의 재료에 대한 고민 없이 자기소개만 몇 번 연습하고 면접장으로 향한다. 자신의 임기응변 능력과 운에 기댄 채 면접을 보면 비극적인 결과를 초래하기 마련이다. 그러한 면접자가 많다는 건 우리가 조금만 준비하면 크게 돋보일 수 있다고 뜻이고, 동시에 합격률을 비약적으로 높일 수 있다는 뜻이다.

물론 스크립트를 외우는 일에 천성적으로 막연한 거부감을 느끼는 사람도 있을 수 있다. 대중 앞에 서는 게 직업인 가수도 카메라 앞에 서기 전에는 가사를 수십수백 번씩 반복해서 암송한다. 영감은 찰나지만 연습은 길다. 작사의 근거가 된 절절한 이별의 아픔을 겪은 시간보다 연습의 시간이 길어야 비로소 노래에 호소력이 생긴다. 무대에 서는 게 직업인 가수조차 단어와 구절의 숲속에서 배회하며 피나는 노력을 반복하는데, 직장인 지망생인 우리가 몇 가지 스크립트를 외우는 데 부담감을 느낄 명분은 사실 없다.

키워드를 중심으로 외우든, 핵심 문장만 외우든 그런 건 중요하지 않다. 내가 준비해서 암기한 스크립트는 나의 가슴과 뇌를 거쳐 나온 자랑스러운 문장들이다. 누군가가 대필해준 것이 아니다. 또한 부가적으로 말의 재료를 가지고 있다는 안정감은 면접장에서 심리적으로 큰 도움이 된다. 인간의 인지적 한계를 극복하기 위한 합당한 우리의 노력은 좋은 추억이 될 것이고, 우리가 좀 더 멋진 성인으로 성장하는 데 큰 도움을 줄 것이라고 확신한다. 그럼 이제부터 무엇을 어떻게 외우고, 어떤 방식으로 숙달해야 하는지 함께 알아보자.

면접은 '대답'이 아닌 '설득'이다

면접은
설득의 미학

　　면접장에서 면접관의 질문은 결코 갑작스럽지 않다. 공대생에게 뜬금없이 러시아 국제 정세에 대해 묻지 않는다. 결국 면접이란 회사에 자기 자신을 세일즈하는 과정이고, 화제는 '나라는 사람'과 '회사에 대한 자신의 생각' 이 두 가지를 벗어나지 않는다. 아무리 세상이 인공지능, 메타버스, 빅데이터로 도배되고, 창의력 면접, 토론식 면접을 강화한다 하더라도 면접의 목적은 변하지 않는다.

형식은 무한히 변주해도 그 본질은 변하지 않는다. 그래서 하늘에 자동차가 떠다니는 세상이 와도 여전히 회사에서는 지원자에게 자기소개를 시킬 것이다. 미래에도 여전히 지원자 수가 합격자 수를 상회할 것이다. 똑같이 면접을 통해 경쟁하고, 똑같이 자신을 회사에 어필해야 할 것이다.

'왜 꼭 내가 회사에 어필을 해야 하는가?' 하는 의문을 가지는 경우도 있을 수 있다. 회사가 직접 찾아올 정도로 굉장한 역량을 지녔거나, 뛰어난 기술자라면 다른 형식의 면접을 진행할 것이다. 이를 흔히 헤드헌팅 면접이라고 부른다. 이때는 회사가 당신을 설득하는, 그러니까 일반적인 면접과는 반대 형식으로 진행된다. 그러나 변하지 않는 본질은 그래도 면접은 면접이라는 것이다. 굳이 회사를 설득할 필요가 없다 할지라도 면접을 잘 보면 적어도 연봉협상을 유리하게 이끌거나, 태도적인 측면에서 현실 감각과 셀프 마케팅 능력이 뛰어난 인재라는 인상을 줄 수 있다.

따라서 일반 면접이든, 헤드헌팅 면접이든 소극적으로 주어진 질문에 '대답'해 면접관의 호기심을 충족시켜주는 것이 아니라, '나'라는 사람의 '가치'를 면접관에게 '설득'시켜야 한다. 결론은 우리가 설득자의 입장에 있는 것이 우리에게 여러모로 유리하다는 것이다. 당신은 기업의 니즈를 발굴하고 자신의 강점을 설득하려 노력하는 지원자인가, 아니면 그저 면접관의 호기심을 충족시켜주기 위해 기계적으로 답변하는 지원자인가? 이것이 합격을 가르는 '엣지'의 차이다. 자신만의 엣지 있는 완결된 스크립트를 준비해 반복 숙달한다면 어떤 질문에도 양질의 답변을 내놓을 수 있을 것이다.

합격을 부르는
5단계 답변 농축액

계란은 재료들 가운데서도 여러 요리에 두루두루 사용되는 재료 중 하나다. 같은 계란이라도 조리법과 배합에 따라 스크램블에그가 되기도 하고, 계란말이, 계란장조림, 계란감자국, 계란찜이 되기도 한다. 건축도 마찬가지다. 뼈대와 골조만 탄탄하면 내외부 인테리어를 통해 수도 없이 다양한 형태의 건물을 만들어낼 수 있다. 칵테일을 예로 들면 베이스인 진, 보드카, 럼, 데킬라, 위스키 위에 다양한 배색의 술을 덧대어 무수히 새로운 칵테일을 만들어낼 수 있다.

면접도 이와 같다. 면접장에서 쏟아지는 수많은 질문에 효과적으로 대응할 수 있는 교집합이 많은 문장이 분명 존재한다. 이를 '답변 농축액'이라고 하자. 앞으로 소개할 다섯 가지 답변 농축액을 조합해 베이스 재료로 활용한다면 수백수천 가지의 다채로운 답변을 만들 수 있다.

예를 들어 토플 스피킹과 같은 여타 스피킹시험을 준비해본 사람이라면 잘 알 것이다. 모든 예문을 달달 암기할 수는 없다. 어떤 질문이 나올지 모르는데 모든 변수를 가정해 답변을 암기한다면 인지적 한계에 부딪치게 된다. 그러니 '10개의 답변을 완벽하게 준비해서 1만 개의 질문에 답한다.'라는 마인드로 준비해야 한다. 이 방식을 통해 설사 미숙한 언어 능력을 갖고 있다 하더라도 예측 불가능한 다양한 질문에 능숙하게 답변할 수 있다.

이를테면 이런 식이다.

My hobby is playing basketball. because it can relieve stress.

(내 취미는 농구를 하는 것입니다. 왜냐하면 그것은 나의 스트레스를 줄여주기 때문이죠.)

이 표현을 'X'라고 가정하자. 고사장에 입실하기 전까지 스피킹 강사는 학생이 자다가도 외울 정도로 'X'를 발음까지 고려해 숙달시킨다. 'X' 문장 하나만 숙달하면 스피킹시험 당일에 다음과 같이 응용할 수 있다.

Q. 당신은 휴가기간에 무엇을 할 건가요?
A. 저는 농구를 할 것 같습니다. 왜냐하면 그것은 나의 스트레스를 줄여주기 때문이죠.

Q. 어젯밤에 무엇을 했나요?
A. 친구들과 농구를 했습니다. 왜냐하면 그것은 나의 스트레스를 줄여주기 때문이죠.

Q. 당신의 꿈은 무엇인가요?
A. 나의 오랜 꿈은 농구팀을 경영하는 것이었습니다. 내 취미는 농구를 하는 것입니다. 왜냐하면 그것은 나의 스트레스를 줄여주기 때문이죠.

효율적인 문장 하나의 힘이다. 물론 실제로 이렇게 모든 답변의 소재를 농구 하나로만 국한하면 좋은 성적을 낼 수는 없다. 그래서 최소 10개 문장 정도는 숙달해 다양하게 배합해 활용하게 된다. 이러한 스피킹시험의 원리는 면접장에서도 통용된다. 지극히 현실적이기에 거부감 있게 들릴 수 있지만 다시 강조하자면 면접은 결국 '나'에 대한 세일즈다. 회사가 정보의 비대칭성에 의해 서류만으로 구직자를 판단할 수 없으니 질문과 답변의 형태로 상대방의 가치를 평가하는 것이다. 그러니 우리는 다섯 가지 답변 농축액을 통해 나 자신을 어필해야 한다.

다섯 가지
답변 농축액

답변 농축액을 선별한 원리는 간단하다. 이것이 곧 가장 효과적인 세일즈 포인트이기 때문이다. 즉 어떤 방식으로 내뱉어도 면접관이 매력을 느낄 만한 문구를 만들기 위해서다. 당신의 가치를 매력적으로 포장해줄 답변 농축액의 주제는 다음과 같다.

1. 자기소개
2. 성장 내러티브
3. 역량 어필
4. 비즈니스의 현재상
5. 비즈니스의 미래조감도

답변 농축액은 뒤에서 각 챕터별로 상세히 살펴볼 것이기에 여기서는 간단하게 짚고 넘어가겠다.

먼저 첫 번째, 자기소개는 곧 '사회적 매력'의 증명이다. 우리가 기존 조직에 잘 융화될 수 있음을 어필해 면접관에게 안정감을 주기 위함이다. 여기서 사회적 매력은 두 가지 요소를 통해 표현된다.

첫 번째는 말을 하는 태도다. 사회적 매력이란 것은 답변의 내용을 통해서 유추되기도 하지만 말을 하는 태도인 비언어적 요소에 의해 좌우되기도 한다. 심리학자 앨버트 메라비언의 연구에 따르면 사람이 대화할 때 상대방으로부터 받는 이미지는 표정이나 자세, 제스처와 같은 비언어적 요소의 비중이 55%를 차지한다고 한다. 그래서 '자기소개'의 관건은 연습이다. 우리는 당당하고 강인해 보여야 한다. 당당함과 강인함은 부단한 연습을 통해 만들어진다.

두 번째 요소는 사회적 경험에 대한 기술이다. 자기소개에 사회적 관계를 유추할 수 있는 내용이 담긴다면 훨씬 더 좋게 들린다. 동아리 활동, 학과 활동 등 다양한 활동을 반추해 이를 한 단어로 축약해 제시할 수 있는 키워드가 있다면 면접관에게 깊은 인상을 남길 수 있다. 면접관으로 하여금 '내 눈앞의 지원자가 4~7년간 사회적 바운더리 안에서 이런 대학 시절을 보냈구나.'

하고 연상하게 만든다. 연상되는 내용이 긍정적이라면 면접관에게 좋은 인상을 남긴 셈이다.

두 번째, 성장 내러티브의 핵심은 '끈기의 증명'이다. 회사의 관점에서는 내외부적인 환경의 부침에도 불구하고 안정적으로 퍼포먼스를 낼 수 있는 직장인을 선호한다. 즉 업무적으로 기복이 적은 직원을 뽑고 싶어 한다. 그래서 자신의 경험담을 통해서 '나는 어려운 환경을 딛고 이러한 성과를 이룬 경험이 있고, 앞으로도 이러한 삶의 태도를 견지할 것이다.' 하는 내용을 제시해 자신의 성장 지향적 태도를 어필해야 한다. 직장인으로서의 내구성을 간접적으로 드러내는 것이다. 거친 환경 속에서도 나름대로 최선을 다했으니 회사라는 새로운 환경에서도 그 관성 그대로 조화롭게 생활할 것이며, 배우고 성장하는 태도를 지녔기에 지금의 역량 요소들이 앞으로도 더욱 발전될 것이라고 시사하는 것이다.

세 번째, 역량 어필의 핵심은 '로열티의 증명'이다. 회사 입장에서는 합격 후 입사를 취소하고 다른 곳을 선택하거나, 1~2년 짧게 다니고 이직하는 천재보다는 꾸준히 회사를 오래 다닐 범재를 원한다. 그래서 역량 어필을 통해 이 회사에 지원한 이유, 즉 지원 동기를 인사담당자가 납득할 수 있는 논리로 전개해야 한다. 그리고 그 논리는 '내가 이러한 역량을 키웠고, 그 역량이 이 회사에서 가장 잘 발휘될 것 같아서 지원하게 되었다.' 하는 구조

취업을 뽀개는 면접 레볼루션

가 좋다. 논리적 허점이 없다면 면접관은 쉬이 납득할 것이다. 애초부터 본 회사에 지대한 관심이 있어서라는 식의 논리 전개도 좋지만, 너무 상투적이기도 하고 짧은 답변 내에서 이와 같은 뉘앙스를 온전히 전달하기에는 무리가 있다. 만약 실패한다면 작위적이라는 인상을 줄 위험도 크다.

우리는 역량 어필 스크립트를 통해 자신의 강점을 제시함과 동시에 '실제로' 지원한 회사에 대한 조사가 선행되었고, 이러한 점을 토대로 여러 회사들 중 하나가 아닌 정말로 이 회사를 원해서 지원했다는 인상을 남겨야 한다. 지원 동기를 묻는 질문에 나의 역량이 가장 잘 발휘될 것 같다는 식으로 담백하게 답한다면 논리적 허점을 찾기 힘들 것이다. 무엇보다 작위적이지 않아서 면접관이 듣기에 거부감이 없다.

네 번째, 비즈니스의 현재상은 '실무 능력의 증명'이다. 면접장에서 하는 수많은 질문들 중에는 필연적으로 회사의 현 상황에 대한 서술을 필요로 하는 질문이 나온다. 이때 최신 기업 정보를 적절히 활용해 대답한다면 직장인의 기본 소양인 리서치 능력과 분석 능력을 갖추고 있음을 증명할 수 있다. 자신이 가진 고유의 인사이트와 산업계 전반에서 보는 거시적인 인사이트를 결합해 완결된 문장으로 표현하는 행위 자체가 직장인으로서 가장 많이 수행하게 되는 리서치 및 보고서 작성 작업과 크게 다르지 않다. 비즈니스의 현재상을 임팩트 있게 전달함으로써 기본 소양을 이미 갖췄다는 인상을 주는 것이 포인트다.

　다섯 번째, 비즈니스의 미래조감도는 '기획력의 증명'이다. 기업이 직원에게 단순히 기술적인 능력만 요구한다면 구태여 경력사원이 아닌 신입사원을 뽑을 이유가 없다. 신입직원 면접에서는 새로운 아이디어로 무장해 회사에 신선한 바람을 일으킬 수 있다는 인상을 남겨야 한다. 쉽게 말해 새로운 동력으로 회사를 '성장' 시킬 수 있음을 티내야 한다. 인사팀은 필연적으로 회사의 비전을 내재화해 미래의 주역으로 성장할 수 있는 인재를 원한다. 먼 미래에 회사를 성장시킬 수 있는 능력과 가능성을 갖추고 있는지 드러내는 것이 비즈니스의 미래조감도의 목적이다.

　다섯 가지 스크립트가 바로 모든 답변의 줄기이자 농축액이다. 면접장에서 우리는 '나'에 대한 이야기를 회사의 '니즈'와 결합시켜야 한다. 구태여 면접장에서 즉석으로 답변을 생각해낼 필요는 없다. 다섯 가지 답변 농축액만 잘 준비하면 충분하다. 답변 농축액은 곧 합격의 문을 열어줄 강력한 말의 재료가 되어줄 것이다. 답변의 '재료'가 머릿속에 깔끔하게 정제되어 있는 지원자와 막연하게 생각만 갖고 있다가 면접장에서 즉석으로 답변하는 지원자가 있다고 가정해보자. 당연히 격차가 클 수밖에 없다. 설사 스펙에 약점이 있더라도 면접에서 높은 점수를 받으면 경쟁자를 가뿐하게 뛰어넘을 수 있다.

　면접장에서 면접관이 엄숙한 표정으로 급작스럽게 '가장 좌절했던 경험'을 물어본다고 가정해보자. 이 책을 끝까지 읽은 독자라면 준비해둔 '성장 내러티브'에 근거해 답변할 것이다. 그러나 이런 생각의 정제를 거치지 않은 지원자 다수는 말의 재료가 빈곤해 면접장에 부닥쳐서야 급히 답변을 생각한다. 그래서 의외로 좌절의 경험을 묻는 질문에 '이성친구와의 이별' '시험을 망친 경험' 등을 말하는 사람이 굉장히 많다. 모든 것이 인지적 한계 탓이다. 그리고는 집에 돌아와 '왜 그런 말을 했을까?' 하고 후회한다. 이 책의 내용을 끝까지 충실하게 따라온다면 면접관에게 이런 터무니없는 답변을 하는 일은 절대 없을 것이다.

답변 농축액,
실전에서 활용하기

10명 중 7명은
면접 포비아

구직자 10명 중 7명은 면접에 공포를 느끼는 '면접 포비아'를 겪은 것으로 조사되었다. 사람인이 구직자 2,213명을 대상으로 '면접 포비아를 겪은 경험'에 대해 물은 결과, 67.7%가 경험이 있다고 답했다. 성별로는 여성(75.3%)의 비중이 남성(56.4%)보다 높았다. 면접 포비아 증상으로는 '답변 내용이 갑자기 생각나지 않

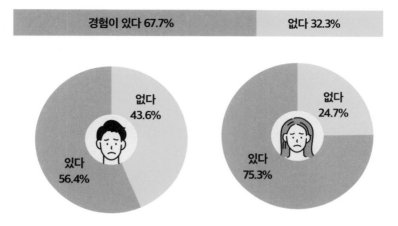

경험이 있다 67.7%	없다 32.3%

없다
43.6%

있다
56.4%

없다
24.7%

있다
75.3%

자료: 사람인

음'이 53.7%로 가장 높았다. 연습할 때는 말이 술술 잘 나오는데 면접장만 가면 눈앞이 캄캄해지고 머리가 하얘지는 이유는 무엇일까? '이길 조건'을 갖추지 않고 면접장에 들어섰기 때문이다.

『손자병법』에는 명장의 싸움은 결코 치열하지 않으며, 이미 이길 조건을 다 갖추고 편안한 상태에서 승리를 확인할 뿐이라는 내용이 나온다. 반면 패장은 먼저 싸움을 걸어놓고 승리를 추구한다. 엄숙한 면접장에서 이성친구와 이별했던 경험, 시험을 망친 경험 등을 말한 지원자는 싸움부터 건 다음에 승리를 추구했기에 마음에도 없는 말이 툭 터져 나온 것이다. 면접장에서 '이길 조건'

을 갖추는 것은 우리가 그동안 해온 입시 준비와 전공 공부를 떠올리면 그다지 고되지 않다. 앞서 소개한 다섯 가지 답변 농축액만 제대로 숙지해도 압도적인 우위에 설 수 있다. 그럼 5단계 답변 농축액을 구체적으로 어떻게 활용해야 할까? 예시 스크립트를 함께 살펴보자.

답변 농축액
예시 스크립트

1. 자기소개

'김작가'는 친구들이 저를 부르던 별명입니다. 저는 현재와 같이 웹소설 시장이 성숙되기 이전부터 블로그와 문피아를 통해 오랜 기간 '멜팅'이라는 로맨스 웹소설을 연재해왔습니다. 웹소설 특유의 빠른 속도감, 타이트한 플롯으로 독자들을 매료시키는 재미에 일찍 눈을 떴죠. 문화 플랫폼 안에서 직접 활동하면서 작가 생태계에 대한 다양한 경험적 지식을 축적해왔습니다. 현재 카카오에서 발생하고 있는 웹소설의 웹툰화 및 영화화 프로세스의 시발점이 되는 웹소설 시장에 대한 인사이트, 법학도로서 공부한 계약 과정 전반에 대한 심도 있는 이해가 이 분야 생태계의 다양성을 공고히 하는 데 도움이 될 것이라 생각합니다. 컴퓨터 과학자 앨런 케이는 "미래를 예측하는 가장 좋은 방법은 미래를 만들어내는 것이다."라고 말했습니다. 카카오는 이 말처럼 전례 없던 비즈니스 모델을 만들어냈고, 이를 전 세계로 무한히 확장시켜나가고 있습니다. 그러한 파급력을 생각하면 자다가도 가슴이 뛸 만큼 저는 콘텐츠 시장에 대해 깊은 애정을 갖고 있습니다. 이 애정과 경험을 토대로 카카오가 종합 문화기업으로 도약하는 데 기여하겠습니다.

2. 성장 내러티브

웹소설 작가로 활동하면서 독자들의 피드백으로 인해 많은 상처를 받았습니다. 특히 많이 듣던 말은 이야기가 산으로 간다는 말이었습니다. 따로 소설의 작법을 배우지 못한 상태에서 글을 올린 만큼 당연히 감수해야 할 비난이었지만 당시에는 연재 중단을 선언할 정도로 마음의 상처가 깊었습니다. 연재 중단 기간을 거치면서 '그래도 계속 글을 쓰고 싶다.' 하는 마음의 열망을 다시 확인했고, 국문과 수업을 청강하고 소설 작가의 특강을 들으며 기존에 부족했던 플롯 설계에 대한 약점을 보완했습니다. 다시 돌아온 저를 독자들은 반겼고, 달라진 모습으로 작품을 마감할 수 있었습니다. "바람이 불지 않을 때 바람개비를 돌리는 유일한 방법은 앞으로 달리는 것이다.'라는 앤드루 카네기의 말이 저의 좌우명입니다. 비전가는 고독하고 또 그래야 한다고 생각합니다. 회사의 일원으로서 내외부적으로 비판에 직면하더라도 감정적으로 대응하지 않고 해결책을 찾아나가겠습니다. 피드백을 저라는 사람의 연료로 활용할 수 있는 카카오의 비전가로 성장해나가겠습니다.

3. 역량 어필

저는 웹소설 작가로 활동하면서 추후에 콘텐츠산업 종사자가 되겠다는 비전을 남들보다 일찍 수립했습니다. 법학도로서의 전공지식을 어떤 부분에 적용시킬까 고민하던 중 '계약'이라는 특정 영역에 집중하기로 마음먹었습니다. 그래서 '계약법 연구회' 회장으로 활동하며 분야를 넘나드는 다양한 계약서를 직접 작성해보는 실무 훈련을 거쳤고, 제가 작성한 계약서 양식을 유료 콘텐츠 사이트를 통해 판매하기도 했습니다. 공정한 보상체계의 구축은 플랫폼 확장에 밑거름이 되는 중요한 요소라고 생각합니다. 계약법을 공부하면서 양 당사자가 만족할 만한 계약을 이끌어낼 수 있는 실무적인 지식을 쌓았습니다. 다양한 IP를 활용한 사업이 진행됨에 따라 카카오 콘텐츠 생태계의 이해관계자들이 무한히 증가하고 있습니다. 당사자들 간에 서로가 만족할 수 있는 계약체계를 구축하는 데 일조해 콘텐츠사업 부문 기획자로서 카카오가 공급자와 소비자 모두가 행복할 수 있는 콘텐츠 플랫폼으로 발돋움하는 데 기여하겠습니다.

4. 비즈니스의 현재상

'노는 물이 달라졌다.' 이것이 제가 생각하는 카카오의 현 상황입니다. 카카오는 콘텐츠사업으로 로컬 사업자로서의 지역적 한계를 이미 극복하고 글로벌 플레이어로서 자신의 존재를 입증해나가고 있습니다. 콘텐츠의 유료화와 IP 확장의 비즈니스 모델은 이미 국내에서 성공적으로 구축을 완성했고, 이제는 이를 해외로 확장시키는 데 주력을 다하고 있는 것으로 파악했습니다. 기존 글로벌 전략이 국내 IP 확장에 주력했다면 앞으로는 이 생태계 모델이 해외에 자리 잡도록 하는 것이 중요한 과제라고 생각합니다. 이에 성공한다면 카카오에서 활동하는 해외 웹툰 작가의 IP를 활용한 작품이 전 세계를 강타할 날이 머지않았다고 생각합니다. JYP가 프로듀싱한 일본 걸그룹 니쥬가 일본의 대스타 반열에 오른 것처럼, 이것이 진정한 글로벌 플레이어로서 카카오가 추구해야 할 궁극적인 방향성이라고 생각합니다. 전직 웹소설 작가로서 누구보다 작가의 니즈를 잘 알고 있습니다. 이를 전공지식과 조합해 현지 문화를 고려한 맞춤형 플랫폼 구축을 도와

"한국적인 것이 가장 세계적인 것이다."라는 말을 현실로 옮길 수 있는 인재로 성장하겠습니다.

5. 비즈니스의 미래조감도

'모두의 학교' 이것이 제가 카카오 콘텐츠사업 부문에 바라는 미래상입니다. 현재는 웹툰과 웹소설이라는 두 가지 포맷으로 해외 진출을 꾀하지만, 플랫폼 생태계 구축에 대한 노하우가 쌓이면 교육 콘텐츠 분야로도 확장할 수 있다고 생각합니다. 터키에서 출발한 '유데미'라는 강의 콘텐츠 중개 플랫폼이 나스닥에 상장되어 시가총액만 5조 원에 육박하고 있습니다. 사회가 진보할수록 이를 따라잡기 위해 전 생애주기를 포괄해 '배움'의 중요성은 더욱 부각될 것입니다. 여기에 있어 카카오가 가진 역량은 플랫폼 역량과 '재미'에 대한 감각이라고 생각합니다. 단순한 주입식 강의에 그치는 것이 아니라, 재미의 요소를 반영한 상호반응형 교육 콘텐츠 플랫폼을 제작해 1인당 투자비용이 가장 높은 분야 중 하나인 세계 교육 시장에 진출한다면 산업의 판도를 바꿀수 있다고 생각합니다. 시장에 신선한 바람을 불러일으키고 있는 재능공유 스타트업과 적극 연대해 현재까지 그래온 것처럼 카카오가 또 다시 세상에 없는 비즈니스 모델을 만드는 데 기여하겠습니다.

취업을 뽀개는 면접 레볼루션

이는 카카오 콘텐츠사업부에 지원한 가상 지원자의 답변 농축액이다. 면접관 앞에서 이 정도 완결성 있는 문장을 꺼낼 수 있다면 결과는 과연 어떨까? 적어도 면접 점수에서만큼은 상위권에 속하리라 확신한다. 스스로 경쟁력이 없고, 매력 포인트가 없다고 지레 겁먹는 독자가 있을 수 있다. 이조차도 도움을 줄 것이니 차분하게 책의 흐름을 따라오기 바란다. 다섯 가지 스크립트는 분량으로 따지면 A4용지 2장 정도다. 이 정도는 누구나 암기할 수 있고, 그 결과의 효능은 수많은 컨설팅을 통해 증명되었다.

답변 농축액
적용 예시

'대본을 끊임없이 연습한다면 어떤 결과를 낳게 될까?' '이 스크립트가 과연 효력이 있을까?' 하는 의문이 있다면 답변 농축액을 적용한 다음의 예시를 살펴보기 바란다. 실전 상황에서 답변 농축액이 어떻게 활용될지 가정해 의심을 소거하고자 한다. 이 스크립트를 숙지한 가상의 지원자 A는 콘텐츠사업 부문 현업 담당자와 인사담당자가 나란히 앉은 면접장에 들어섰다.

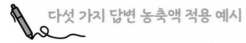

다섯 가지 답변 농축액 적용 예시

Q A씨는 기획자로서 다른 지원자에 비해 자신이 가진 강점이 뭐라고 생각하세요?

저는 콘텐츠 기획자인 동시에 법학도로서 제가 가진 장점을 어떤 부분에 적용시킬까 고민하던 중 '계약'이라는 특정 영역에 집중하기로 마음먹었습니다. 그래서 '계약법 연구회' 회장으로 활동하며 분야를 넘나드는 다양한 계약서를 직접 작성해보는 실무 훈련을 거쳤고, 제가 작성한 계약서 양식을 유료 콘텐츠 사이트를 통해 판매하기도 했습니다. 공정한 보상체계의 구축은 플랫폼 확장에 밑거름이 되는 중요한 요소라고 생각합니다. 계약법을 공부하면서 양 당사자가 만족할 만한 계약을 이끌어낼 수 있는 실무적인 지식을 쌓았습니다. 다양한 IP를 활용한 사업이 진행됨에 따라 카카오 콘텐츠 생태계의 이해관계자들이 무한히 증가하고 있습니다. 당사자들 간에 서로가 만족할 수 있는 계약체계를 구축하는 데 일조해 콘텐츠사업 부문 기획자로서 카카오가 공급자와 소비자 모두가 행복할 수 있는 콘텐츠 플랫폼으로 발돋움하는 데 기여하겠습니다. [역량 어필]

Q 다른 사업 부문도 많은데 왜 콘텐츠사업 부문에 지원했죠?

제가 가장 좋아하고 또 잘할 수 있는 일이라는 생각이 들어 지원하게 되었습니다. 저는 웹소설 작가로 활동하면서 추후에 콘텐츠산업 종사자가 되겠다는 비전을 남들보다 일찍 수립했습니다. 이것은 제가 '계약법 연구회' 회장으로 활동하며 분야를 넘나드는 다양한 계약서를 직접 작성해보는 실무 훈련을 진행한 계기가 되기도 했습니다. 이에 더해 저는 현재 카카오가 웹툰과 웹소설이라는 두 가지 포맷으로 해외 진출을 꾀하지만, 플랫폼 생태계 구축에 대한 노하우가 쌓이면 교육 콘텐츠 분야로도 확장할 수 있다고 생각합니다. 저는 회사의 일원으로 지내면서 스스로를 성장시킬 수 있는 일을 하고 싶습니다. 그렇기에 자리를 잡은 다른 사업 부문보다 제가 가진 역량을 무한히 발휘하면서도 세상에 강한 파급력을 미칠 수 있는 콘텐츠사업 부문에 지원하게 되었습니다. [역량 어필 + 비즈니스의 미래조감도]

Q 특별한 경험이나 좌절한 경험에 대해 자세히 들을 수 있을까요?

웹소설 작가로 활동하면서 독자들의 피드백으로 인해 많은 상처를 받았습니다. 특히 많이 듣던 말은 이야기가 산으로 간다는 말이었습니다. 따로 소설의 작법을 배우지 못한 상태에서 글을 올린 만큼 당연히 감수해야 할 비난이었지만 당시에는 연재 중단을 선언할 정도로 마음의 상처가 깊었습니다. 연재 중단 기간을 거치면서 '그래도 계속 글을 쓰고 싶다.' 하는 마음의 열망을 다시 확인했고, 국문과 수업을 청강하고 소설 작가의 특강을 들으며 기존에 부족했던 플롯 설계에 대한 약점을 보완했습니다. 다시 돌아온 저를 독자들은 반겼고, 달라진 모습으로 작품을 마감할 수 있었습니다. "바람이 불지 않을 때 바람개비를 돌리는 유일한 방법은 앞으로 달리는 것이다."라는 앤드루 카네기의 말이 저의 좌우명입니다. 비전가는 고독하고 또 그래야 한다고 생각합니다. 회사의 일원으로서 내외부적으로 비판에 직면하더라도 감정적으로 대응하지 않고 해결책을 찾아나가겠습니다. 피드백을 저라는 사람의 연료로 활용할 수 있는 카카오의 비전가로 성장해나가겠습니다. [성장 내러티브]

실제로 면접장에서 이 정도 수준의 답변을 하는 지원자는 손에 꼽을 것이다. 이것이야말로 말의 재료가 있는 사람이 면접장에서 갖게 되는 힘이다. 이 책의 내용을 충실히 잘 따른다면 답변 농축액을 바탕으로 면접장에서 자신감 있게 양질의 답변을 쏟아 낼 수 있을 것이다.

- 면접은 '대처'가 아닌 '준비'의 영역에 속하며 노력과 성과의 상
  관관계는 웨이트 트레이닝만큼이나 간명하다.

- 결국 면접이란 회사에 자기 자신을 세일즈하는 과정이고, 화제는
  '나라는 사람'과 '회사에 대한 자신의 생각' 이 두 가지를 벗어나
  지 않는다.

- 답변 농축액을 선별한 원리는 간단하다. 이것이 곧 가장 효과적
  인 세일즈 포인트이기 때문이다.

- 구태여 면접장에서 즉석으로 답변을 생각해낼 필요는 없다. 다섯 가지 답변 농축액만 잘 준비하면 충분하다.

- 면접장만 가면 눈앞이 캄캄해지고 머리가 하얘지는 이유는 무엇일까? '이길 조건'을 갖추지 않고 면접장에 들어섰기 때문이다.

- 이 책의 내용을 충실히 잘 따른다면 답변 농축액을 바탕으로 면접장에서 자신감 있게 양질의 답변을 쏟아낼 수 있을 것이다.

PART 2

엣지의 도구
어떻게 표현할 것인가?

말에 엣지를
더하라

이제 우리는 면접이 충분히 예측 가능한 준비의 영역에 속하며, 다섯 가지 밀도 있는 답변 농축액을 바탕으로 성공적으로 대비할 수 있다는 것을 알게 되었다. 거시적인 차원에서 앞으로 어떻게 준비해야 할지 감을 잡았을 것이다. 그러나 좀 더 미시적인 차원에서 살펴보면 면접장에서 우리가 뱉는 여러 구절은 무수히 많은 단어와 문장의 조합으로 이뤄진다. 문장의 배열 못지않게 단어와 문장의 구성 또한 중요하다. 본격적으로 답변 농축액에 대해 다루기에 앞서 단어와 문장의 차원에서 말에 '엣지'를 더할 필요가 있다. 재미를 갖춘 표현, 달리 말해 엣지 있는 말을 구사하기 위해서는 어떤 노력이 필요할까?

설득의 언어,
엘리베이터 스피치

'엘리베이터 스피치'라는 스타트업 용어가 있다. 당신이 인터넷에 범람하는 가짜뉴스를 판별할 수 있는 획기적인 인공지능 소프트웨어를 개발했다고 가정해보자. 후속 개발을 위해 투자가 절실한 상황이다. 그런데 우연히 엘리베이터에서 벤처캐피털 심사역과 만났고, 엘리베이터가 목표로 한 층까지 올라가는 약 60초 이내의 짧은 시간 동안 상대를 설득해야 한다. 이것을 바로 '엘리베이터 스피치'라고 한다.

자금 문제로 위기에 직면한 당신. 간절한 마음으로 뭐라도 해야겠다 싶어서 벤처캐피털이 즐비한 테헤란로 인근 한 대형 빌딩 로비에 진을 치고 앉아 있는 상태다. 그런데 저 멀리 1조 원 규모의 자금을 운용하는 전설적인 심사역이 눈에 띈다. 때가 왔다. 용기를 내 무작정 그를 쫓아 엘리베이터에 따라 들어간다. 이제 1~2평 남짓한 작은 공간에 그와 당신만 있을 뿐이다. 그는 26층을 눌렀다. 주어진 시간은 1분이 채 되지 않는다. 식은땀이 나고, 입술이 바짝바짝 마른다.

"저는, 어, 안녕하세요. 저는 소프트웨어를 전문으로 개발하고 있는 개발자 B라고 합니다. 어, 그러니까, 그, 저는 가짜뉴스를 걸러내는 알고리즘을 연구하고 있습니다. 그리고 프로토타입을 개발했습니다."

이렇게 지루하게 말할 것인가? 1분밖에 시간이 안 남았고, 상대는 하루에도 수십 개의 투자제안서를 검토하는 사람이다. 이게 맞는 방식일까? 그렇다면 이런 방식은 어떤가?

"과산화수소를 마신 수십 명이 응급실에 입원하는 일이 벌어졌습니다. 그것도 대한민국에서. 바로 과산화수소가 체내 코로나균을 없앤다는 가짜뉴스 때문이었습니다. 이런 일이 두 번 다시 벌어지지 않게 하겠습니다. 저는 오랜 연구 끝에 비로소 그 해법을 찾았습니다. 제 이름은 B입니다."

당신이 심사역이라면 누구의 말에 더 귀를 기울일 것인가? 후자의 경우 상대가 무슨 말을 하려고 하는지 궁금한 마음에 끝까지 들어주지 않을까? 이런 식으로 말의 서두에 궁금증을 유발하는 장치를 두는 기법을 프레젠테이션 용어로 훅(Hook)이라고 부른다. 테드에서도 꽤 자주 등장하는 기법이기도 하다. 이를테면 이런 식이다.

"토끼가 멸종하면 핵전쟁이 일어난다는 사실에 대해 알고 계신가요?"
"네? 토끼랑 핵전쟁이 연관이 있나요?"
"이것이 요즘 SNS상에 나타나는 가짜뉴스의 실태입니다."
"아!"

미국과 같이 스피치산업이 발달한 곳에서는 훅의 사용법만 몇 시간에 걸쳐 가르치기도 한다. 기왕이면 특색 있는 말, 힘 있는 말로 차별화를 두기 위해서다. 면접도 별반 다르지 않다. 면접은 카페에서 아메리카노의 얼음이 다 녹을 때까지 편하게 떠드는 대화가 아니다. 면접관은 보통 하루에만 4명씩 10팀 정도, 그러니까 최소 40명가량의 답변을 듣는다. 시간은 제한되어 있고 경쟁자는 많다. 그만큼 말에 힘 있고 듣는 맛이 있어야 살아남을 수 있다. 사람들은 대부분 정리 안 되고 힘없는 말에 귀를 닫는 경향이 있다. 수백수천 명과 대화를 나눠야 하는 면접관은 더더욱 그렇다. 유려한 답변도 중요하지만 가능하다면 말에 엣지를 한 스푼 정도 첨가하는 것이 좋다.

달변가의 말에는
색이 짙게 배어 있다

흔히 말 잘하는 사람은 단순한 나열의 형태로 말하지 않는다. 그들의 말에는 색이 짙게 배어 있다. 여기서 색이란 무엇일까? 몇 가지 사례를 살펴보자.

한 기자가 워런 버핏에게 물었다.

"당신의 장례식에서 가장 듣고 싶은 말은 무엇인가요?"

"지금까지 본 시체 중 가장 늙어 보이는 시체라고 모두가 말해주면 좋겠네."

'세상에서 가장 근면한 투자자' '오마하의 현인' 등과 같은 예상되는 뻔한 답이 아닌 오래 살고 싶다는 염원을 재치 있는 짧은 말로 표현했다.

한 기자가 아인슈타인에게 물었다.

"만약 제3차 세계대전이 일어난다면 어떤 무기가 쓰일 것 같습니까?"

"그건 잘 모르겠고 제4차 세계대전에서 쓰일 무기는 압니다."

"네? 그게 뭐죠?"

"돌과 막대기요."

　제3차 세계대전으로 폐허가 되어 문명이 사라질 지구의 모습을 '돌과 막대기'로 은유적으로 표현했다. 이처럼 문장에 엣지를 담으면 답변이 훨씬 더 품격 있게 느껴진다. 이것이 곧 기업이 MZ세대에게 요구하는 '펑키함'이기도 하다. 때로는 표현 자체로 그 사람의 기획력이 증명되기도 한다.

　오스카 남우주연상을 수상한 배우 윌 스미스에게 성공의 비결에 대해 물었다. 그가 "저는 근면함이 제 성공의 비결이라고 생각합니다." 이런 식의 평범한 답을 내놓았을까? 그의 실제 답변을 들어보자.

"나보다 재능이 많은 사람, 똑똑한 사람, 성적 매력이 넘치는 사람은 있겠죠. 모든 면에서 나보다 나은 사람도 있을 겁니다. 하지만 나와 함께 러닝머신에 올라간다면 그 사람이 먼저 기권하거나 내가 죽거나 둘 중 하나일 겁니다. 정말로요."

　이처럼 같은 '근면함'이라는 주제를 갖고 있지만 표현 방식에 따라 말이 갖는 무게감은 다르다.

　면접관이 "당신의 장점이 뭐라고 생각하세요?"라고 묻는다면 당신은 어떻게 답변하겠는가? "친화력이 저의 최대 장점이라고 생각합니다." 하는 평범한 답변보단 "대학 시절 저의 별명은 참이슬이었습니다. 누구나 저와 가까워지면 술을 마신 듯이 속마음을 술술 꺼낸다고 해서 지어진 별명입니다."라는 식의 답변이 더 힘 있게 다가온다.

마찬가지로 은유를 활용한 재치 있는 자기소개도 가능하다.

"대학 시절 저의 별명은 추격자였습니다. 매일 아침 학교 운동장을 뛰고 있는 저의 모습을 본 친구들이 지어준 별명입니다. 저는 수도권 러닝동아리의 회장을 맡기도 했습니다. 오랜 러닝으로 다져진 체력과 동아리를 운영하며 배운 경청하는 리더십으로 경쟁사를 끝까지 추격하는 추격자가 되겠습니다."

이러한 은유 외에도 상황에 맞는 적절한 인용구를 통해 말에 힘을 실을 수 있다.

"제자리에 있고 싶으면 죽어라 뛰어라. 『이상한 나라의 앨리스』에서 붉은 여왕이 앨리스에게 했던 말입니다. 가만히 있으면 주변 경쟁자가 먼저 앞서가니 숨이 차게 뛰어야 현상 유지가 되는 상황. 소설 속 이 상황이 곧 국내 화장품 시장의 현실을 잘 드러낸다고 생각합니다."

인간은 인지력의 한계 외에도 어쩔 수 없이 집중력의 한계도 갖고 있다. 사회학자 데이비드 목슨 교수의 연구에 따르면, 성인의 평균 집중 지속 시간은 5분 7초라고 한다. 면접관은 한자리에서 최소 20분 이상 지원자의 말에 귀를 기울여야 한다. 어쩔 수 없이 집중력의 누수가 발생할 수밖에 없는 상황이다. 그래서 우리는 평범한 사실을 있는 그대로 나열하는 것이 아니라 표현의 방식에도 신경을 써야 한다. 주의를 집중시키는 엣지 있는 표현을 통해 면접관의 기억 속에 우리의 존재를 각인시켜야 한다. 엣지 있는 말을 자유자재로 구사한다면 흔히 말하는 '인상 깊은 지원자'가 되는 것이다.

이번 파트에서는 말에 엣지를 더하기 위한 방법론, 그중에서도 면접에 특화된 방법론에 대해 다룰 것이다. 스크립트를 작성할 때 적극 활용하기 바란다. 엣지를 만들어내는 방법론은 크게 다음의 네 가지다.

1. 개념재정의

2. 인용

3. 비유와 묘사

4. 역설 및 통념 반박

네 가지 방법론을 통해 누구나 쉽게 면접관의 뇌에 각인되는 매력 있는 지원자로 거듭날 수 있다. 함께 차례대로 알아보자.

첫 번째 도구,
개념재정의

봉준호 감독은 오스카 시상식에서 "자막의 장벽, 1인치 정도 되는 장벽을 뛰어넘으면 여러분은 훨씬 더 많은 새로운 영화를 즐길 수 있습니다."라고 말했다. 자막을 통해 영화를 시청하는데 불편함을 느끼는 북미지역 관객에게 '자막'을 '장벽'이라고 비유하며 열린 마음으로 다양한 영화를 받아들이라고 촉구한 것이다. 이 문장은 여러 언론의 조명을 받으며 다양성을 향한 움직임을 촉구하는 뜻으로 해석되어 전 세계에 퍼져나갔다. 이것이 바로 엣지 있는 말 한마디의 힘이다. 봉준호 감독의 작품은 현실감 있는 미장센과 디테일이 섬세한 표현을 구사하는 것으로 유명하다. 동시에 그는 사회적 상황, 개념을 자신만의 독특한 언어로 표현하는 재치 있는 달변가이기도 하다.

봉준호 감독은 사전적 의미로 '영화를 만드는 사람'인 '영화감독'이라는 자신의 직업을 어떻게 표현했을까?

"감정이란 게 사실 복잡해서 즐겁고 기쁜데 남몰래 우울함이 엄습하기도 하고, 장례식장에서 웃음을 참을 수 없는 지경이 되기도 하죠. 저는 그런 어색한 조합, 뒤섞인 이미지를 보면 심장이 쿵쾅거리고 피가 온몸에 도는 느낌이 들어요. 일상생활 중 제가 원하는 그런 이미지를 마주하게 되면 충분히 거리를 두었다가 영화를 통해 빼내는 것, 그게 제가 하는 일이라 생각합니다."

영화 〈괴물〉에서 화염병을 든 박해일 배우가 화염병을 손에서 놓치는 장면, 영화 〈기생충〉에서 강자와 약자의 뻔한 대립이 아닌 약자와 약자 간의 새로운 권력구도 상황을 우스꽝스럽게 표현한 장면을 떠올려보자. 이것이 봉준호 감독의 영화관을 소개할 때 흔히 말하는 '뺵사리의 미학'이다. 봉준호 감독의 영화 〈마더〉에서는 고속버스에 탄 어머님들이 막상 산에 도착해서는 내리지도 않고 버스가 출렁일 정도로 오랜 시간 춤만 추는 장면이 나온다. 아름다운 산을 외면하고 지금 이 순간을 즐기는 데 집중하는 모습을 특색 있게 표현한 '뻑사리의 미학' 중 하나다.

뻔한 패턴에서
탈피하라

봉준호 감독이 자신의 직업을 새로운 표현으로 정의 내린 것처럼, 뻔한 패턴에서 벗어나 오롯이 자신의 견해가 담긴 핵심적인 문장을 만들어낸다면 그 자체로 훌륭한 엣지가 된다. 자신의 사유로 전개된 표현에 모두가 동의하지 않아도 좋다. 중요한 건 표현의 색이 뚜렷해야 한다는 점이다. 요식업의 메뉴 개발에 있어서도 성공의 법칙이라고 말하는 불문율이 있다. 바로 두 가지 이질적인 요소의 결합이다. '겉바속촉'처럼 겉은 바삭하고 속은 촉촉하다거나, '단짠단짠'처럼 단맛과 짠맛이 동시에 들어가는 식이다. 이처럼 바삭하고도 짭짤한 표현 하나로 답변이라는 요리의 맛을 획기적으로 끌어올릴 수 있다.

실제로 면접장에서 사용 가능한 엣지 있는 표현의 예를 살펴보자.

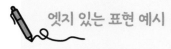

Q 금융업계에 진입하려는 심리학 전공자로서 자신만의 장점이 있다면 무엇인가요?

저는 금융업이 욕망과 능력에 관한 데이터를 수집하고 이를 결정으로 전환시키는 메커니즘을 제공하는 일이라고 생각합니다. 심리학의 다양한 연구법을 몸으로 익히면서 인간의 욕망을 개념화, 수치화하는 과정 전반에 관해 배웠습니다. 이 부분에서는 다른 지원자들에 비해 탁월하다고 생각합니다. 욕망을 데이터화하는 과정에서 배운 연구 기법을 금융업에 적극적으로 적용시켜 고도화된 금융 메커니즘을 만드는 데 기여하겠습니다.

지원자는 금융업을 '욕망과 능력에 관한 데이터를 수집하고 이를 결정으로 전환시키는 메커니즘을 제공하는 일'이라고 정의했다. 알다시피 금융의 사전적 정의는 '자금의 수요와 공급'이다. 만약 사전의 뜻대로 금융업을 정의했다면 뻔한 답변이 되었을 것이다. 지원자는 기존에 없던 새로운 사고로 자신의 견해를 표현했다. 이것이 바로 엣지의 도구인 개념재정의의 좋은 예다.

은행은 고객들로부터 예금을 받아 이를 다른 고객에게 대출해 부가가치를 창출한다. 받아야 할 대출의 금리에서 줘야 할 예금의 금리를 뺀 것이 은행의 주요 수입원인 '예대마진'이다. 고객이 예금을 넣는 근본적인 원인은 안정적으로 재산을 지키고 액수가 커지길 바라는 '욕망'에 있다. 지원자는 대출을 받는 사람들로부터 안정적으로 돈을 회수하기 위해 지표로 삼는 대출상환 능력 평가나 신용 평가를 '능력에 관한 데이터'라고 표현한 것이다.

1993년 이건희 전 삼성그룹 회장은 수주업에서 수조 원의 손실을 입고 나서 임직원들에게 업의 개념을 다시 정의하라는 주문을 내렸다. 스티브 잡스는 아이폰을 선보이는 프레젠테이션의 첫 출발을 MP3, 노트북, 휴대폰의 개념을 재정의하는 데 할애했다. 통신수단에 불과했던 휴대폰을 무한한 콘텐츠의 바다로 재정의하며 아이폰을 출시했고, 아이팟을 단순한 MP3가 아닌 패션 액세서리로 정의해 경쟁이 포화 상태였던 MP3 시장의 판도를 바꿨다. 이렇듯 어떠한 개념을 능동적으로 재조립하는 행위 자체에는 큰 에너지가 담겨 있다.

간단한 말의 조합일 뿐이지만 재정의의 과정에는 간단하지 않은 함축적인 산업에 대한 통찰이 담겨 있다. 개념재정의는 짧지만 그 속에 강렬한 인사이트가 내포되어 있을 때 가능하다. 물론 개념재정의라는 게 꼭 이토록 거창할 필요는 없다. '공감'과 '독창성' 두 가지 요소만 충족되면 어떠한 표현도 무방하다. 머리도 식힐 겸 몇 가지 아기자기한 예를 살펴보자.

"사랑은 내 시간을 기꺼이 건네주는 것이다."
"제가 생각하기에 잠, 그리고 꿈은 숨 가쁘게 이어지는 직선 같은 삶에 신께서 공들여 그려놓은 쉼표인 것 같아요."

첫 번째는 이기주 작가의 말이고, 두 번째는 『달러구트 꿈 백화점』에서 발췌한 내용이다. 이런 식으로 직관적이고 일차원적인 표현도 충분히 매력적이다. 중요한 건 타인이 설계한 개념의 범주를 벗어나는 데 있기 때문이다. 이렇게 공감과 창의성 두 가지 요소를 충족한 표현은 상대의 마음속에 오래 머문다. 지원하고자하는 산업과 직군, 전공에 대한 정의도 좋고, 앞으로 전개될 화제에 대한 간단한 재치 있는 표현도 좋다.

예를 들어 국문과를 전공했고 동시에 코딩에 대한 지식이 있다면 '디지털 시대의 언어술사' 등으로 스스로를 표현할 수 있을 것이다. 실패와 좌절에 대한 이야기를 꺼낼 때는 '저에게 있어 좌절은 가장 효과적인 각성제였습니다.' 등으로 표현할 수도 있다. 무언가를 자신의 언어로 재정의함으로써 다른 경쟁자들보다 한층 더 높은 차원의 사고 능력을 지녔음을 증명할 수 있다.

미래학자 피터 드러커는 『매니지먼트』에서 마케팅을 이렇게 재정의했다.

"진정한 마케팅은 고객으로부터 출발한다. 즉 고객의 현실, 욕구, 가치로부터 출발한다. '우리는 무엇을 팔고 싶은 걸까?'가 아니라 '고객은 무엇을 사고 싶어 하는가?'를 묻는다."

물론 개념재정의는 쉬운 일이 아니다. 개념을 새롭게 정의해 문장의 형태로 드러내는 데 실패하더라도 그 사고의 과정 자체가 생각의 범위를 넓히는 데 큰 도움이 될 것이다. 그러니 틈틈이 노력해 생각의 굴레를 확장해보자.

개념재정의
사례

좋은 개념재정의의 사례를 살펴보면 다음과 같다.

· 광고는 20초의 영상예술이라고 생각합니다.
· 기계공학이란 결국 에너지를 잘 사용하는 방법에 대해 고민하는 학

문이라고 생각합니다.

- 보험업은 고객들에게 안정감이라는 감정을 선물해 일상에서의 행복을 놓치지 않도록 보조하는 감정사업이라 생각합니다.
- 플랫폼 생태계 발전에 있어 가장 중요한 것은 결국 공정한 보상체계의 구축이라고 생각합니다.
- 화장품산업의 눈부신 발전은 미에 대한 우리 욕구의 증명이라고 생각합니다.
- 소비자가 겪는 문제를 해결하는 것이 결국 기업이 가진 고유 역할이라고 생각합니다.
- 제가 생각하는 마케팅은 소비자와 나누는 대화입니다.
- 인간과 기업의 공통점은 한계를 통해 성장한다는 것입니다.
- 저에게 있어 개발은 항상 그 종착점인 소비자와의 소통입니다.
- 네이버라는 회사의 주력 상품은 '비즈니스 모델' 그 자체라고 생각합니다. 네이버는 제페토, 웹툰, 스마트스토어 등 전례가 없던 비즈니스를 세상에 내놓는 데 기여해왔습니다.
- 철학은 고민을 어떻게 하면 더 효율적으로 할 수 있을까에 대해 고민하는 학문이라고 생각합니다.
- 저에게 있어 인사 업무는 회사 안에서 대화가 더욱 풍성해지고, 이를 통해 더 많은 아이디어가 생성될 수 있도록 돕는 일입니다.
- 소설가와 개발자의 공통점은 하나의 세계를 만드는 사람이라는 것

입니다. 저에게 있어 훌륭한 개발자는 소설가와 같이 자신만의 완결된 세계를 만들 수 있는 사람입니다.

· 저는 게임산업이 모든 산업 중에서 가장 글로벌화에 대한 마찰 비용이 적은 산업군이라고 생각합니다.

· 플랫폼 사업자라면 응당히 그 세계에서 활용할 수 있는 간편한 채색 도구를 유입자들에게 쥐어주는 데 주력해야 합니다. 저는 그것을 위해 많은 고민을 해왔고, 동시에 UX 전공자로서 제가 가진 강점이 많다고 생각합니다.

· 저에게 경영학을 공부한 4년의 시간은 세계여행이었습니다. 무수한 케이스를 공부하며 제가 가지고 있던 좁은 세계에서 벗어나 기업들이 만들어낸 다양한 세계를 끊임없이 여행할 수 있었습니다.

· 저는 MD의 역할을 트렌드 개발자라고 생각합니다. MD라면 트렌드를 추종하는 데 그치는 것이 아니라 새로운 라이프 스타일 트렌드를 만들 수 있어야 한다고 생각합니다.

· 저에게 유통업은 '쇼핑 경험'이라는 새로운 재미를 세상에 제시하는 하나의 거대한 엔터테인먼트 사업입니다.

유난스럽게 특별하지 않아도 좋다. 최소한 본인 스스로 그 정의에 대해 납득하고 당당하면 그만이다. 재정의한 개념이 면접관의 머릿속에 남지 않더라도, 자신감과 확신에 찬 지원자의 긍정적인 이미지는 또렷하게 남을 것이다. 그러니 어렵게 생각하지 말고 한번 시도해보자.

개념재정의 활용 예시

Q 우리 회사에 왜 지원하게 되었나요?

현대의 인류는 전기가 없으면 단 하루도 살지 못합니다. 그런 전기를 만들기 위해 태양력, 풍력, 수력은 이제 필수불가결한 상황이 되었습니다. 그래서 저는 OCI의 압도적인 태양광 기술이 곧 사람을 살게 하는 기술이라고 생각합니다. 저는 일을 함에 있어 항상 의미를 추구해왔습니다. 그런 점에서 더 나은 지구를 만들고 인류의 생존을 돕는 OCI에서 제가 가진 역량을 펼치고 싶습니다. 일의 가치를 아는 진정성 있는 태도로 회사의 성장에 기여하는 인재가 되겠습니다.

Q 철학과를 나오셨다고요? 직장인으로서 본인이 가진 강점은 뭐라고 생각하세요?

저는 철학이 정의 내리는 방법에 대해 고민하는 학문이라고 생각합니다. 점점 더 모든 것의 경계가 불확실해지는 시대에 '정의 내리기'에 대한 수요는 급증하고 있습니다. 어떠한 개념에 숨겨져 있는 함의를 해석하는 데 철학의 상업적 가치가 있다고 생각합니다. 옛 현인들의 다양한 사고 기법과 개념설계 기법을 비즈니스에 적용시켜 전례 없는 혁신적인 상품을 기획하는 데 기여하겠습니다.

한 걸음 더
나아가기

개념재정의에 대해 어느 정도 이해했다면 한 발자국 더 나아가보자. 말을 흥미 있게 하는 사람들의 고전적인 기법 중 하나는 '그러나'의 '역접'이다. 참고로 앞뒤 문장이 서로 상응하면 순접이라고 하고, 반대면 역접이라고 한다. 역접은 말의 맥락을 한 번 꺾으면서 '그러나' 뒤의 구절에 더욱 집중하게 만든다.

"침대는 가구가 아니라 과학이다."
"불가능은 사실이 아니라 하나의 의견일 뿐이다."

위 두 광고 카피의 공통점은 무엇일까? 바로 역접과 개념재정의가 동시에 사용된 것이다. 한 문장 안에 두 가지 강력한 표현법이 동시에 들어간 것이다. 이러한 문장은 당연히 평범한 여느 표현에 비해 호소력이 강할 수밖에 없다. 이것이 흔히 저술가들이 말에 힘을 실을 때 자주 쓰는 'A는 X가 아니라 Y다.'가 탄생한 배경이다.

찰스 다윈은 『종의 기원』에서 "생존하는 종은 가장 강한 종도, 가장 뛰어난 종도 아니다. 그것은 변화에 가장 잘 적응하는 종이다."라고 말했고, 르네 데카르트는 『방법서설』에서 "나의 기도는 각자가 그 이성을 잘 인도하기 위해서 써야 할 방법을 가르치자는 것이 아니라, 다만 어떤 방법으로 내가 나의 이성을 인도하려고 애써왔는가를 보여주자는 것뿐이다."라고 표현했다. 그 결과는 어떠한가? 수백 년의 세월을 거쳐 현재의 우리에게까지 구전되는 손에 꼽히는 고전이 되었다.

『어린 왕자』를 쓴 프랑스 작가 생텍쥐페리는 "만약 배를 만들기 위해 우리가 해야 할 일은 사람들을 모아 목재를 마련하고 임무를 배분하는 게 아니라 끝없이 넓은 바다를 동경하게 만드는 것이다."라고 말했다. 이 표현은 현대경영학에서 비전의 중요성을 말하는 문장에 자주 인용된다.

인공지능은 X가 아니라 Y다.

빅데이터는 X가 아니라 Y다.

인공지능과 빅데이터라는 거부할 수 없는 시대의 조류에 대해
면접장에서 이야기해야 한다고 가정해보자. 역접의 표현 방식을
적용시킨 사례는 다음과 같다.

역접 활용 예시

**Q 우리 회사에 입사하면 어떤 마케터가 되고 싶나요? 포부가
궁금합니다.**

인공지능은 단순히 근로자와 소비자의 효율을 높여주기
위한 기술이 아니라, 사회적으로 소외된 사람들의 목소
리를 들어주기 위한 기술이라고 생각합니다. 2019년 AI
스피커 기가지니에게 사용자들이 가장 많이 건넨 말을
조사한 결과, '사랑해' 세 글자가 압도적인 1위였습니다.
1985년 10만 명당 9명이 자살한 반면, 현재 한국인의
10만 명당 자살률은 26명이라고 합니다. 비대면 시대가
가속화될수록 인간 본연의 소통, 인정의 욕구는 결핍되
고 있습니다. 저는 인공지능이라는 거대한 조류 앞에서

보다 사람을 향하는 따뜻한 제품을 출시하는 마케터가 되고 싶습니다.

Q 본인을 빅데이터에 강한 인재라고 소개했는데 좀 더 자세히 설명해주세요.

빅데이터는 단순히 겉으로 드러나는 소비자 욕구를 알려주는 데 그치는 것이 아니라, 소비자 자신도 의식하지 못했던 마음속 취향과 기호를 새롭게 제시해주는 방향으로 나아가야 한다고 생각합니다. 저는 학과 수업으로 데이터 엔지니어링을 접했고, 전문가 수준은 아니지만 빅데이터 동아리에서 다양한 케이스에 참여하면서 실제 '활용' 부분에 있어 경험을 축적했습니다. 이런 경험과 사고를 잘 활용해 카테고리를 새롭게 창출할 수 있는 용감한 MD가 되겠습니다.

이와 같이 인공지능, 빅데이터 등 다양한 지식에 대한 자신의 식견을 정리해보는 시간을 가져보자. 개념재정의와 역접을 통해 한마디 답변으로 4명의 면접관의 고개가 끄덕이는 희열을 경험하게 될 것이다.

면접이란 결국 내 생각에 대해 묻고 답하는 시간이다. 나의 사고를 표현하는 데 '개념재정의'는 가장 효율적인 방법 중 하나다. 지원한 회사와 자신에 대해 새롭게 떠오르는 정의가 있다면 우선 기록해두자. 필요한 순간에 이를 적절하게 사용한다면 분명 면접장에서 면접관을 설득시키는 데 큰 도움이 될 것이다.

두 번째 도구,
인용

생각의 빈곤함을 떨쳐내는
가장 간편한 장치, 인용

두 번째로 소개할 엣지의 도구는 '인용'이다. 면접관이 당신에게 "대학 시절 본인만의 특별한 경험이 있을까요?"라는 질문을 던졌다고 가정해보자. 이는 면접에서 흔히 나오는 단골 질문 중 하나다.

"저는 대학 시절 4년을 꼬박 카페에서 바리스타로 일했습니다. 20평이 안 되는 작은 공간이지만 그 공간에서 평소라면 만나지 못했을 다양한 사람과 만났고, 또 다양한 글을 읽으며 저 자신을 성장시킬 수 있었습니다. 4년간 제가 마주한 무수한 다른 삶의 모습을 기획에 그대로 담아 공감을 자아내는, 또 소비자의 마음을 울리는 마케터가 되겠습니다."

물론 이 답변도 굉장히 훌륭하다. 하지만 조금 부족한 느낌이 든다. 답변의 내용에 이러한 인용을 덧붙인다면 어떨까?

"17세기 런던 로이즈 커피하우스에는 상인과 무역인, 작가 들이 모여 있었다고 합니다. 애덤 스미스도 이곳에서 『국부론』을 집필했다고 합니다. 미국 커피 문화의 중심지인 시애틀에서 마이크로소프트, 아마존, 스타벅스 등 세계적인 기업이 자리한 건 우연이 아니라고 생각합니다."

런던 로이즈 커피하우스의 사례를 인용해 자신이 바리스타 일을 하면서 얻게 된 공감 능력에 대해 강조하고 있다. 듣기만 해도 커피향이 물씬 느껴지는 것 같다. 이것이 바로 우리가 살펴볼 '인용'이다. 몇 마디 인용을 통해 우리는 단순한 사실의 나열로는 줄 수 없는 새로운 파동의 감동을 만들어낼 수 있다. 물론 인용이 과하면 말의 구성에서 알맹이보다 껍질이 크다는 느낌을 받을 수 있다.

아리스토텔레스는 사람을 설득시키기 위해서는 로고스, 에토스, 파토스가 필요하다고 했다. 각각 논리, 윤리, 열정을 뜻하는데 스티브 잡스의 프레젠테이션처럼 때로는 열정(파토스)이 논리(로고스)를 이기기도 한다. 적절한 인용을 통해 말속에 열정(파토스)을 담아내자.

내용에 인용을 곁들이면 단순한 상황에 대한 나열보다 훨씬 더 흡입력 있는 문장이 된다. 예를 들어 당신이 음악과 같은 직무와 관련 없는 취미에 심취해 졸업이 늦어진 지원자라고 가정해보자. 면접관이 "졸업이 조금 늦은 편인데 특별한 이유가 있나요?"라고 물었을 때 "음악에 심취해 잠시 휴학했습니다."라고 있는 사실을 그대로 말하는 것은 도움이 되지 않는다.

"무라카미 하루키가 처음 소설을 쓴 것은 29살 때의 일입니다. 그때까지 그는 재즈바를 운영하며 문학과는 거리가 먼 삶을 살았습니다. 저역시 대학 시절 음악가를 꿈꿨습니다. 20대 중반까지 한 인디밴드의 기타리스트로 활동하던 도중에 음악만으로는 제 생각과 감정을 표현하는 데 한계가 있다는 생각을 하게 되었죠. 그래서 뒤늦게 글에 빠졌습니다. 논리학 책을 보고, 에세이를 쓰며 제 생각을 텍스트화하는 데 집중했습니다. 남들보다 조금 늦었지만 그만큼 글이 가진 본연의 힘을 더 잘 이해하고 있습니다. 유행가는 못 만들어냈지만 유행하는 문구는 만들어낼 수 있는 카피라이터가 되겠습니다."

무라카미 하루키의 생을 인용해 감성적인 부분을 자극시켜 자신의 약점을 잘 방어했다. 상황에 부합하는 적절한 인용을 통해 우리는 위대한 철학자의 사상, 세계적인 석학의 견해, 예술가의 예술적 생애를 등에 업을 수 있다.

예를 들어 공자의 『논어』에는 "진실로 나를 써주는 사람이 있다면 1년 만에라도 기강을 잡을 것이요. 3년이면 무언가를 이뤄낼 것이다."라는 구절이 있다. 직장 내에서 자신의 목표와 비전을 말하는 데 있어 이보다 더 적합한 서두가 있을까? 이처럼 인용은 생각의 빈곤함으로부터 벗어나 말에 힘을 더할 수 있는 가장 '간편한 장치'다.

인용을 할 때는 '실패는 성공의 어머니' '커뮤니케이션의 달인'과 같은 뻔한 표현은 피하는 것이 좋다. 또한 말의 리듬을 해치지 않도록 문장의 길이를 짧게 가져가는 것이 좋다. 적절한 인용인지 궁금하다면 직접 자신의 스크립트를 녹음해서 들어보자. 적절한 인용이라면 거부감이 안 느껴질 것이다.

인용 활용 예시

Q 어떤 MD가 되고 싶나요?

무언가를 만드는 일에 종사한다면 그 무엇인가를 가장 위대하게 만들어라. 월트 디즈니의 CEO 밥 아이거의 말입니다. 저는 MD의 역할이 단순한 전달자에 그치는 것이 아니라 새로운 것을 창조하는 사람이라고 생각합니다. 공정에는 직접적으로 관여하지 않지만 기성품에 숨결을 불어넣는 것 또한 창조의 과정이라고 생각합니다. 저는 더 나은 것을 창조하기 위해 사람들이 원하는 것에 대해 고민하며 성찰의 시간을 보냈습니다. 오랜 기간 대학 잡지에서 컨슈머리포트와 화장품 상세페이지를 직접 작성해왔습니다. 또한 2년간 블로그를 운영하며 소비자의 반응에 대응하는 연습을 거쳤고, 향초와 천연비누를 온라인상으로 판매한 경험도 있습니다. 지금은 많이 부족합니다. 그러나 축적된 노력으로 훗날 위대한 것을 창조할 MD가 되겠습니다.

Q 대학 시절 특별한 경험이 있다면 말해주세요.

제가 이끌었던 축구 동아리는 성적이 좋지 않아 지원을 많이 받지 못했습니다. 그래서 처음에 제가 리그 우승이라는 목표를 제시했을 때 아무도 믿지 않았습니다. 그러나 직접 동아리 사무실을 찾아가 프레젠테이션을 하며 지원을 요구했고, 선배들의 명단을 보고 전화를 걸어 후원행사를 주최했습니다. 그들의 지원으로 전문 코치의 지도 아래 체계적인 훈련을 받을 수 있었고 2년째 되던 해에 리그에서 우승할 수 있었습니다. 미국의 한 작가는 낙관주의자는 무엇이든 할 수 있는 세상에서 살고 있다고 믿는 반면, 비관주의자는 그 주장이 사실일까 두려워하며 살아간다고 했습니다. 기타리스트 장고 라인하르트는 화상을 입어 손이 불편했지만 기타를 포기하지 않았고, 결국 자신의 손에 맞는 독창적인 연주로 거장의 반열에 들어섰습니다. 무엇이든 못할 일은 없다고 생각합니다. 긍정적인 자세와 확고한 비전으로 회사의 성장에 기여하는 인재가 되겠습니다.

Q **마케팅 부문에 지원하셨는데, 어떤 마케터가 되고 싶나요?**
남을 행복하게 하는 자만이 행복을 얻을 수 있다. 플라톤이 했던 말입니다. 여기서 '남'을 '소비자'로 바꾸는 것이 제가 생각하는 마케팅입니다. 어려서부터 행복에 대한 화두에 관심이 많아 봉사활동에 입문하게 되었습니다. 남을 도우면서 행복에 대한 생각을 이어갈 수 있었습니다. 특히 시각장애인, 거동이 불편한 노인을 도우며 상대방의 관점에서 생각하는 훈련을 해왔습니다. 그래서 이러한 관찰력이 곧 저의 장점이라고 생각합니다. 소비자가 무엇을 필요로 하는지를 기민하게 관찰하겠습니다. 더 나아가 기업의 CSR 활동이 광고마케팅의 소재로 많이 쓰이고 있는데요. 이 부분에 있어서도 그간의 경험을 토대로 다양한 아이디어를 내놓을 수 있는 전천후 인재로 거듭나겠습니다.

Q 전공과 업무가 무관한데, 저희 회사에 지원한 동기가 궁금합니다.

저는 유통이 나라의 근본이라고 생각합니다. 유통구조가 단단해야 제품을 만드는 사람들이 더욱 창의성을 갖고 업무에 매진해 기업이, 더 나아가 국가가 성장하는 데 큰 기여를 할 수 있다고 믿습니다. 17세기 프랑스는 귀족이 장사하면 작위를 강탈했으나, 영국은 방적기를 만든 천민에게 기사 작위를 부여했습니다. 그리하여 프랑스에서 영국으로 유럽의 패권이 이동하는 결과를 낳았습니다. 또 프랑스에서 쫓겨난 개신교 상인들이 네덜란드, 독일 등지로 이주해 이들 국가를 유럽의 중심으로 만들었습니다. 유통의 형식은 변화하고 있지만 그 본질은 옛날과 다름없다고 생각합니다. 저는 역사학 전공자로서 역사 속 다양한 산업 패턴에 대한 지식을 갖고 있습니다. 그러한 지식이 온라인으로 격전장이 변하고 있는 미지의 미래에도 가치가 있다고 생각합니다. 역사를 통해 미래를 볼 수 있는 지원자가 되겠습니다.

인용하기 좋은
사례들

이번에는 면접장에서 쓰일 수 있는 좋은 인용구를 선별해 소개하겠다. 마음에 와 닿는 구절이 있다면 형광펜으로 칠해 기록해두자. 한 가지 첨언하자면 『논어』와 같은 고전의 인용은 그 자체로도 차별화 요소가 된다. 4대 그룹의 인문경영 기조에 부합하기 때문이다. 이병철 삼성그룹 명예회장은 『호암자전』에서 이렇게 말했다.

"가장 감명을 받은 책을 들라면 서슴지 않고 『논어』라고 말할 수밖에 없다. 내 생각이나 생활이 『논어』의 세계에서 벗어나지 못한다 해도 오히려 만족한다."

정주영 현대그룹 명예회장은 학교에 입학하기 전에 서당에서 3년간 『논어』 『대학』 『맹자』 등 고전을 배웠다. 고전만큼은 눈 감고 줄줄 외울 정도였다. 그는 "그 한문이 일생을 살아가는 데 있어서 내 지식 밑천의 큰 부분이 되었다."라고 말했다. 스티브 잡스는 소크라테스와 점심식사를 할 수 있다면 우리 회사가 가진 모든 기술을 그와 바꾸겠다고 공언할 정도로 리드 칼리지 시절부터 고전에 푹 빠져 있었다. 빌 게이츠도 소문난 『손자병법』 마니아다. 또한 마크 저커버그의 취미는 그리스로마 고전을 원전으로 읽는 것이다.

고전을 인용하는 태도는 그 자체로 조화와 겸손의 가치를 내포하고 있어 자신의 조직 순응도를 어필하기에 적합하다. 공자를 예수, 석가모니, 소크라테스와 함께 세계 4대 성인으로 꼽는 이유는 그만큼 『논어』의 파급력이 크다는 뜻이다. 『논어』는 종교적 색채를 띠지 않는 글 가운데서는 가장 파급력 있고 깊이 있는 글이다. 거부감 없이 모두를 납득시키는 매력이 있으니 부담 없이 적극적으로 인용해보자.

무엇보다 중요한 건 문장들 가운데 가장 자신의 가슴에 와 닿는 표현을 인용하는 것이다. 진정성이라는 에너지는 그 어떤 에너지보다 색이 강하다.

1. 인간관계

· 말에 허물이 적고 행동에 후회가 적으면 출세는 자연히 이뤄진다.

　_『논어』「위정」

· 남을 행복하게 하는 자만이 행복을 얻을 수 있다. _플라톤

· 지극히 진실하다면 남을 움직이지 못한 경우가 없다. _『맹자』

· 말재주로 사람들을 대하면 사람들에게 점점 미움을 받게 된다. _『논어』「공야장」

· 군자는 용기만 있고 예의가 없는 것을 미워한다. _『논어』「양화」

· 정치에 대해 여쭙자 공자께서 말씀하셨다. "가까이 있는 사람들은 기뻐하고, 먼 데 있는 사람들은 찾아오도록 하는 것입니다." _『논어』「자로」

· 군자는 남의 좋은 점은 충분히 발휘되도록 하고 남의 나쁜 점은 발휘되지 않도록 하지만, 소인은 그 반대다. _『논어』「안연」

· 교묘한 말은 덕을 어지럽히고, 작은 일을 참지 못하면 큰 계획을 그르친다. _『논어』「위령공」

· 작은 이익을 추구하면 큰일이 이뤄지지 않는다. _『논어』「자로」

2. 기회는 위기 속에서

· 세상은 모든 사람을 깨부수지만 많은 사람은 그렇게 부서졌던 바로 그 자리에서 한층 더 강해진다. 그러나 그렇게 깨지지 않았던 사람들

은 죽고 만다. _『무기여 잘 있거라』

· 회오리바람은 아침 내내 불지 않고, 소나기도 하루 내내 내리지 않는
다. _『도덕경』

· 그리스로마 신화에 등장하는 인물들은 밑바닥으로 떨어지는 '카타
바시스(Katabasis)'를 겪고 난 뒤 더 많은 지혜와 지식을 가진 후 영
웅이 된다.

· 빅터 프랭클이라는 유대인 심리학자는 나치수용소에서 사람들에게
인생의 의미를 찾게 도와주는 로고테라피라는 자신의 심리학을 완
성시켰다.

· 시인 프랜시스 스콧 키는 1812년 미영전쟁에서 포로로 잡힌 배 위에
서 시를 썼고, 그 시는 미국 국가의 가사가 되었다.

· 잭슨 폴록은 대학에서 데생을 가장 못하는 학생이었다. 잭슨 폴록은
빈센트 반 고흐처럼 전통적 드로잉 재능이 부족한 탓에 자신만의 미
술 창작 규칙을 만들었고, 훗날 세계적인 화가가 되었다.

· J.K. 롤링은 『해리 포터』 시리즈를 쓰기 전 이혼당하고, 직업을 잃고,
복지수당에 의지한 채 홀로 자식을 키우는 상태였다. 맥도날드 구석
자리에서 탄생한 책이 바로 『해리 포터』다.

· 자본주의는 지속적 혁신과 창조적 파괴가 이뤄지는 진화 과정이다.
_조지프 슘페터

· 패배보다는 승리 때문에 몰락하는 사람이 더 많다. _엘리너 루스벨트

·더 나은 실패를 하라. _사무엘 베케트

·겨울에 얼음이 단단치 않으면 봄여름 초목이 무성하지 않다. _『한비자』「해로」

·넷플릭스는 한때 블록버스터에 회사를 매각하려 했으나 받아들여지지 않았고, 이후 사용자 추천 알고리즘을 개발해 세계적인 회사가 되었다. 에어비앤비의 창업자 조 게비아와 브라이언 체스키는 다니던 직장을 그만두고 마침내 월세를 밀리는 상황에 이르렀다. 그러다 그들이 사는 샌프란시스코에 산업디자인학회가 열렸고, 월세를 충당할 목적으로 여행자에게 잠자리를 저렴하게 제공했다. 그들은 그 과정에서 에어비앤비의 사업 모델을 떠올린다. 역시나 동트기 전 새벽녘이 가장 어둡다.

·고든 무어가 일하던 AT&T 반도체 부서는 핵심 부서가 아니었고, 미국의 독점방지법에 따라 내부 소비용으로만 반도체를 생산했다. 이에 한계를 느낀 고든 무어는 회사를 박차고 나와 새로운 회사를 창업한다. 이것이 바로 인텔이다. 제약이 없었다면 인텔도 없었을 것이다.

3. 비전과 끈기의 중요성

· 나이키의 공동 창업자 필 나이트는 직업 운동선수가 되고 싶었지만 실력이 부족했다. 그렇지만 어떻게든 스포츠 분야에 머물고 싶어 대학 시절 육상코치였던 빌 보워먼과 함께 나이키를 창업한다. 집념과 의지가 현재의 나이키를 만들었다.

- 모든 일에는 타이밍이 중요하다. _레이 커즈와일

- 죽을 만큼의 시련은 나를 더 강하게 만든다. _프리드리히 니체

- 기술의 진화는 일정한 속도가 아닌 곡수함수 같이 기하급수적으로 이뤄진다. _레이 커즈와일

- 용기 있는 자로 살아라. 운이 따라주지 않는다면 용기 있는 가슴으로 불행에 맞서라. _키케로

- 흉터가 되어라. 어떤 것을 살아낸 것을 부끄러워하지 말라. _네이이라 와히드

- 날씨가 추워진 뒤에야 소나무와 잣나무가 뒤늦게 시든다는 것을 안다. _『논어』「자장」

- 제 아무리 어려운 일이라도 어딘가 한 가지 가능성은 숨어 있다. _알버트 아인슈타인

- 시련과 고통을 통해 영혼은 강해지고, 야망은 고무되며, 성공이 이뤄진다. _헬렌 켈러

- 모든 일에 있어서, 시간이 부족하지 않을까는 걱정하지 말고, 다만 내가 마음을 바쳐 최선을 다할 수 있을지 그것을 걱정하라. _『홍재전서』

- 산을 쌓다가 한 삼태기 흙이 모자라 그만두더라도 그건 그만둔 것이요. 땅을 평평히 하기 위해 한 삼태기 흙을 부어 일이 진전된다면 그건 내가 진보한 것이다. _『논어』「자한」

- 생존하는 종은 가장 강한 종도, 지능이 뛰어난 종도 아니다. 그것은

변화에 가장 잘 적응하는 종이다. _『종의 기원』

- 전부를 취하면 전부를 잃는다. _『팔만대장경』
- 번개 치듯 번쩍이는 순간은 판타지 영화이고 수천 가지 아이디어를 조율해 하나를 최선으로 만드는 다큐멘터리가 사업이다. _리드 헤이스팅스
- 비관론자는 결코 낙관론자를 이길 수 없다. _존 템플턴
- 진실로 나를 써주는 사람이 있다면 1년 만에라도 기강을 잡을 것이요. 3년이면 무언가를 이뤄낼 것이다. _『논어』「자로」
- 미래를 예측하는 가장 좋은 방법은 미래를 만들어내는 것이다. _앨런 케이
- 어떤 도구도 만능이 아니다. 모든 문을 여는 마스터키 같은 것은 없다. _아널드 토인비
- 바람이 불지 않을 때 바람개비를 돌리는 유일한 방법은 앞으로 달리는 것이다. _앤드루 카네기
- 역사란 곧 도전과 응전이다. _아놀드 토인비
- 작가가 꿈이라며 책 한 권, 희곡 한 편 쓰지 못하는 사람이 대다수다. 일단 희곡 한 편, 소설 한 편이라도 완성한 사람은 뒤이어 연극으로 상연하거나 책으로 출간한다. _우디 앨런
- 남이 나를 알아주지 않음을 걱정하지 말고 자신의 능력이 없음을 걱정하라. _『논어』「헌문」

- 낙관주의자는 무엇이든 할 수 있는 세상에서 살고 있다고 믿는 반면, 비관주의자는 그 주장이 사실일까 두려워하며 살아간다. _제임스 브랜치 캐벌

- 무언가를 만드는 일에 종사한다면 그 무엇인가를 가장 위대하게 만들어라. _밥 아이거

- 세계적인 석학 벤 호로위츠는 위대한 기업들을 분석하며 이렇게 결론 내렸다. 위대한 기업의 비결은 계속했던 것이다.

- 〈더 울프 오브 월 스트리트〉의 금융 사기꾼 조던 벨포트는 수감 후 자신의 실패를 콘텐츠로 만들어 세계 최고의 동기 부여 전문가가 되었고, 다시금 부자가 되었다.

- 〈센과 치히로의 행방불명〉을 만든 미야자키 하야오 감독에게 최근 애니메이션 〈귀멸의 칼날〉이 자신의 기록을 뛰어넘었는데 어떻게 생각하냐고 물었다. 그는 답했다. "그걸 왜 내게 얘기하시오."

- 사고를 한 방향으로 모아 모든 것을 소재로 활용해 자신과 타인의 내면을 부단히 관찰하고 어디서나 본보기와 자극을 찾아내고 자신의 방식으로 결합시키는 사람이 위대한 업적을 남긴다. _『인간적인 너무 인간적인』

- 왜 살아야 하는지 아는 사람은 그 어떤 상황도 견딜 수 있다. _프리드리히 니체

- 월마트는 전 세계 지사를 통해 늘 자연재난을 모니터링을 하고 관련

동향을 주기적으로 보고받는다. 지진, 태풍 등의 위험성이 경고되면 재빠르게 회사 고위층까지 보고되며, 해당 지역에 있는 물건을 안전하게 옮기거나 통제함으로써 피해를 줄인다. 준비하고, 대비하자.

· 머리가 좋다고 해서 다가 아니다. 가장 중요한 건 그걸 제대로 사용하는 것이다. 머리가 아주 좋으면 최고의 선뿐만 아니라 최고의 악도 실현할 수 있다. 천천히 앞으로 나아가는 사람은 옳은 길로만 간다면 너무 서두르다가 길을 잃는 사람보다 더 멀리갈 수 있다. _「병법서설」

· 2001년 세계적인 투자은행 모건스탠리의 본사는 미국 세계무역센터 110층 가운데 50개의 층을 임대해 사용하고 있었다. 그러다 9·11 테러가 발생했는데, 놀랍게도 사건 발생 30분 후 모건스탠리의 웹사이트와 기업 네트워킹은 무사히 복원되었다. 24시간 이내에 본사를 제외한 전 세계 모든 지점의 업무가 차질 없이 진행되었다. 이렇게 빠른 대처가 가능했던 것은 이미 모건스탠리가 수많은 위험 요소를 파악하고 있었고, 여러 대응책을 매뉴얼로 만들어 놓았기 때문이다. 이러한 대응은 투자자들의 신뢰를 이끌어내는 계기가 되었다.

· 자로가 물었다. "선생님께서 군대를 통솔하신다면 누구와 더불어 하시겠습니까?" 공자가 대답했다. "맨손으로 호랑이와 싸우고 맨몸으로 강을 건너며 일을 저지르고도 절대 뉘우치지 않을 사람하고는 함께 일하지 않을 것이다. 나는 임무를 맡으면 반드시 두려워하고 일을 잘 도모해서 결국 완성해내는 사람과 할 것이다." _「논어」「술이」

취업을 뽀개는 면접 레볼루션

세 번째 도구,
비유와 묘사

넷플릭스의 창업자 리드 헤이스팅스는 자신의 사업 경험을 축약된 비유를 통해 효과적으로 전달했다.

"번개 치듯 번쩍이는 순간은 판타지 영화이고 수천 가지 아이디어를 조율해 하나를 최선으로 만드는 다큐멘터리가 사업이다."

영화와 다큐멘터리, 두 가지 단어의 특색을 잘 활용해 말의 품격을 높였다. 또한 온라인 동영상 스트리밍 플랫폼을 운영하고 있는 사업체의 수장인 자신의 정체성과 맞닿는 단어를 사용해 흡입력을 더했다.

세상에서 가장 유명한 토끼 미피를 그린 작가 딕 브루너는 매일 하루도 빠짐없이 아침 5시 30분에 일어나 작업실을 찾는 근면성으로 유명했다. 60여 년간 일주일에 6~7일을 작업실에 갔으니 삶의 대부분을 작업실에서 보낸 셈이다. 그가 말했다.

"나에게 행복이란 이른 아침 자전거를 타고 작업실로 가는 길입니다."

행복의 정의에 시각적 메타포를 첨가함으로써 듣는 이로 하여금 웃음을 짓게 하는 섬세한 표현이다.

2017년 비가 발표한 우스꽝스러운 노래 〈깡〉과 관련해 젊은 세대 사이에 '가로로 보면 비극, 세로로 보면 희극'이라는 재치 있는 댓글이 밈처럼 퍼졌다. 뮤직비디오를 시청할 때 휴대폰을 가로로 뉘어 전체화면으로 보면 조악하기 짝이 없지만, 이를 세로로 세워 댓글과 함께 보면 유쾌하다는 뜻이다. 이 단순한 댓글 한 문장에 수만 명의 사람이 '좋아요'를 눌렀다. 이처럼 재치 있는 비유는 듣는 이로 하여금 머릿속에서 자주 곱씹게 만드는 파급력이 있다.

비유적 표현이
중요한 이유

비유를 적절히 활용하는 것은 스피치에서 굉장히 강조하는 덕목 중 하나다. 여기에는 과학적인 근거가 있다. 비유적 표현을 듣게 되면 논리를 담당하는 좌뇌와 시각과 감성을 관장하는 우뇌가 동시에 사용되기 때문이다. 단순한 사실의 나열은 우리를 좌뇌 위주로 사고하게 한다. 그러나 비유적 표현을 첨가하면 감성과 시각을 관장하는 우뇌까지 활발하게 자극되어 기억에 강하게 박히는 것이다.

그럼 은유적 표현이 가장 잘 드러나는 곳이 어디일까? 바로 시와 소설이다. 몇 가지 예를 살펴보자. 작가 글배우의 글이다.

우리가 신호등을 기다릴 수 있는 이유는 곧 바뀔 거라는 걸 알기 때문이다. 그러니 힘들어도 조금만 참자. 곧 바뀔 거야 좋게. 신호등처럼.

몇 글자 안 되는 '신호등'이라는 소재로 기다림의 미학을 잘 표현했다. 다음은 장류진 작가의 『일의 기쁨과 슬픔』에서 발췌한 문장이다.

연봉계약서에 서명하던 순간 씁쓸한 감정이 들 것 같았지만 오히려 그 반대였다. 나는 정말이지 진심으로 기뻤다. 방송국이고 피디고 뭐고 지긋지긋했다. 대신 4대보험이 어쩌고 하는 말들과 상여금, 특근 수당, 연차와 실비보험 같은 단어들이 그렇게나 따뜻하고 푹신하게 느껴질 수 없었다.

'회사의 복지'라는 무형의 대상에 온기라는 촉감을 부여해 표현의 맛을 더했다. 다음은 손원평 작가의 『프리즘』에서 발췌한 문장이다.

근데 나로선 당신을 사랑하는 게 힘이 들었어. 분명히 사랑했고 계속 사랑하고 싶었는데도, 힘겨웠다는 게 아니라 '힘'이 들었어. 때가 되면 손으로 태엽을 감아야 하는 시계처럼 말 그대로 인위적인 노력이, 힘이 들어갔지.

연인 간의 권태감과 이를 극복하기 위한 사소한 노력들을 '시계태엽을 감는 행위'에 비유해 어떤 표현보다 마음에 와 닿는 공감을 유발한다.

좋은 비유가 들어간 표현을 보면 어떤가? 좌뇌와 우뇌가 동시에 자극되는 느낌이 드는가? 이것이야말로 비유가 가진 강력한 힘이다. 정의선 현대차그룹 회장은 한 연회장에서 임직원을 아껴야 한다는 말을 색다르게 표현했다.

> "거북선은 경쟁에서 이길 수 있는 외부의 완벽한 설계가 있지만, 내부를 보면 수군이 쉴 수 있는 공간도 갖춰져 있다는 사실이 더욱 놀랍다. 수군을 고객으로 배려한 이순신 장군은 훌륭한 리더다."

거북선을 예로 들며 복지의 중요성을 강조했다.

스티브 잡스는 "아름다운 서랍장을 만드는 목수는 서랍장 뒤쪽이 보이지 않는다고 싸구려 합판을 쓰지 않는다. 이처럼 우리는 끝까지 아름다움과 품위를 추구해야 한다."라고 말했다. 서랍을 만드는 목수에 빗대어 자신의 철학을 표현했다.

비유적 표현은 상황이나 단어가 생소하면서도 구체적일수록 참신함이 더해진다. 일반적인 표현을 다음과 같이 비유를 통해 윤택하게 바꿔보면 어떨까?

> 마라톤 완주 2km 전, 정말 힘에 부쳤지만 포기하지 않았습니다. 그 결과 무사히 완주할 수 있었습니다.
> → 마라톤 완주 2km 전, 햇빛은 피부를 찔렀고 종아리 근육은 뒤틀려 아팠습니다. 그럼에도 결국에는 흰 테이프를 끊을 수 있었습니다.

약간의 변화로 말의 흡입력이 증가하는 효과를 얻을 수 있다. 면접용 스크립트의 초안이 완성되면 탈고 시 한두 문장 정도 비유적 표현을 덧대어 약간의 변화를 가미하는 것이 좋다.

직관적인 비유에 익숙해진 다음에는 좀 더 고차원적인 비유 표현에 도전해보자. 다음은 작가 잭 캔필드의 명언이다.

"야간 주행을 생각해보라. 헤드라이트는 고작 50~100m 앞밖에 비추지 못하지만 당신은 그 차를 몰고 캘리포니아에서 뉴욕까지라도 갈 수 있다. 전방 100m만 눈에 보이면 충분하기 때문이다. 인생이 우리 앞에 펼쳐지는 모습도 이와 같다. 전방 100m가 펼쳐지고 나면 다음 전방 100m가 펼쳐지고 다시 다음으로 100m가 펼쳐지고 그렇게 나아간다고 믿으면 삶은 계속 이어진다. 그리고 결국에는 진정으로 원하는 게 무엇이든 그 목적지에 다다를 것이다."

인생을 자동차 헤드라이트에 빗댄 좋은 문장이다. 한편 순자는 『근학문』에서 현대의 '레버리지'의 개념을 이렇게 표현했다.

"높은 곳에 올라 손을 흔들면 팔을 길게 늘인 것도 아니지만 멀리서도 볼 수 있고, 바람이 부는 방향으로 외치면 소리를 더 크게 낸 것도 아니지만 보다 분명하게 들린다. 가마와 말을 빌린 사람은 발이 빨라진 것은 아니지만 천 리에 다다를 수 있고, 배와 노를 빌린 사람은 물에 익숙해지는 것은 아니지만 강과 바다를 건넌다."

면접장에서
비유 적용하기

비유적 표현은 면접장에서 다음과 같이 활용될 수 있다.

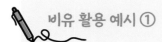 비유 활용 예시 ①

Q 아마추어 바둑기사 경력이 흥미롭네요. 좀 더 자세히 설명해 주세요.

바둑은 카운트 속에서 끊임없이 앞을 내다보며 노력하는 집중력이 중요한 게임입니다. 바둑에서 이기기 위해서는 정해진 시간 안에 최대한 많은 수를 내다봐야 하듯이, 경영 또한 주어진 시간 안에서 최대한 많은 정보를 수집해 의사결정을 하는 과학이라고 생각합니다. 아마추어 바둑기사이자 경영학도로서 쌓아온 순발력과 집중력으로 시시각각 변화하는 유통업 안에서 합리적인 의사결정을 이뤄낼 수 있도록 돕겠습니다.

Q 본인만의 차별화된 역량으로 축구동아리를 이끈 경력을 꼽았는데, 이 부분이 직무와 어떤 연관이 있다는 건가요?

오랜 기간 축구동아리를 이끌면서 스트라이커로서 끊임없이 유효슈팅을 날렸습니다. 그 결과 골로 이어지지 않더라도 계속해서 골문을 두드려야 성과를 얻을 수 있다는 교훈을 얻었습니다. 그래서 대학 기간 중 하면 된다는 긍정의 자세로 히말라야 등반, 창업, 음반 제작 등 다양한 분야에 도전할 수 있었습니다. 축구를 통해 단련된 체력과 멘탈로 꾸준히 유효슈팅을 날려 언젠가 성과를 낼 수 있는 조직원이 되겠습니다.

자신의 전공과 인생의 진리라는 거대한 화두를 각각 바둑을 두는 상황과 슈팅을 날리는 상황에 빗대어 표현했다. 면접장에서의 답변은 꼭 형식적이고 정보 지향적일 필요는 없다. 말에는 태도와 성격이 묻어난다. 맥락에 맞는 함축적 표현을 통해 면접관은 지원자의 언어 구사력을 가늠한다. 비유적 표현을 잘 활용한다면 이 부분에서만큼은 높은 점수를 얻을 수 있을 것이다. 지금부터라도 자신의 언어 습관을 돌아보고 표현에 비유를 곁들이는 습관을 들여보자.

 비유 활용 예시 ②

Q 대학 시절에 실패한 경험이 있다면 무엇인가요? 가장 크게 실패했던 경험에 대해 말해주세요.

통증을 학술 용어로 '조직손상이 일어나기 전에 의식적인 지각을 주는 방어적 작용'이라고 합니다. 통증을 느끼지 못하면 장기가 손상되고, 피부가 다치는 것을 자각하지 못하기에 훨씬 더 크게 몸이 상하는 결과를 초래할 것입니다. 그런 탓인지 저는 실패를 통해 많은 것을 배울 수 있었습니다. 대학 시절에 저는 스타트업을 창업해 영상편집 애플리케이션을 제작한 경험이 있습니다. 꼼꼼하게 시장 조사를 했고, 저희 애플리케이션이 기술적으로 훌륭하다고 판단했습니다. 그럼에도 소비자의 반응을 얻지 못했습니다. 왜 그럴까? 실패의 아픔 속에서 고민했습니다. 답은 디자인에 있었습니다. 사용자의 감성적인 요소를 건드리기에는 디자인이 너무 투박했던 것이죠. 기술성에만 치중한 나머지 소비자에게 전달되는 방식에 대한 고민을 간과한 것입니다. 저는 실패의 경험을 거름 삼아 마케팅에 대한 공부를 진지하게 시작했고, 경영학을 복수전공하게 되었습니다. 합격한다면 소비자의 우뇌를 자극하는 참신한 서비스를 기획하는 데 기여하겠습니다.

Q 이력을 보면 직무의 핵심 역량과는 거리가 있어 보이는데, 본인만의 장점은 무엇인가요?

저는 대학 시절 다양한 경험을 쌓았습니다. 크게 좋은 반응을 얻진 못했지만 웹소설을 집필했고, 인디밴드 가수로도 활동하며 앨범을 냈고, 애플리케이션 개발 동아리에서 기획자로 활동하며 애플리케이션을 출시했습니다. 모두 그다지 좋은 반응을 얻지는 못했습니다. 연관성 없어 보이는 이러한 경험들의 공통점은 한 가지, 결국 완결시켰다는 것입니다. 소비자에게 다가가기 전에 피드백을 받지 못하는 고독 속에서도 저는 끈기 있게 마침표를 찍었습니다. 웹소설도, 음악도, 애플리케이션도 각각의 세계관을 만드는 일은 힘들고 고된 작업이었습니다. 그럼에도 포기하지 않았고, 결국은 무언가를 만들어냈습니다. 이런 근성은 화려한 실무 역량 외에도 기획자로서 중요한 덕목 중에 하나라고 생각합니다. 근성과

끈기로 내외부 피드백을 모두 소화해 성과를 만들어낼
수 있는 성실한 기획자가 되겠습니다.

미국의 심리학자 벌허스 프레더릭 스키너는 쥐를 상자 안에
가두고 한 가지 실험을 진행했다. 상자는 손잡이를 누르면 먹이
가 나오도록 고안되었는데, 스키너는 상자에 다음과 같은 네 가
지 조건을 설정했다.

1. 손잡이를 누르는 것과 상관없이 일정 간격으로 먹이가 나온다.

2. 손잡이를 누르는 것과 상관없이 불규칙적인 간격으로 먹이가 나온다.

3. 손잡이를 누르면 반드시 먹이가 나온다.

4. 손잡이를 누르면 불확실하게 먹이가 나온다.

어떤 상자의 쥐가 손잡이를 가장 많이 눌렀을까? 답은 4번, 손
잡이를 누르면 불확실하게 먹이가 나오는 상자였다. 높은 불확실
성에도 불구하고 4번 상자의 쥐는 푸짐하게 쏟아지는 뜻밖의 행
운에 심취해 손잡이를 강박적으로 눌렀다. 심지어 반드시 먹이가
나오는 3번 상자의 쥐보다 손잡이를 더 자주 눌렀고, 나중에는 아

무것도 하지 않고 하루 종일 손잡이만 눌렀다. 여기서 연상되는 것이 하나 있다. 바로 도박장의 슬롯머신이다. 우리는 이 실험을 통해 '통제 불가능한 것'에 집착하지 말아야 한다는 교훈을 얻을 수 있다.

통제 불가능한 것에 집착하면 실패를 경험할 수밖에 없다. 이러한 실패의 공식을 반대로 뒤집으면 성공의 공식이 도출된다. 내가 통제할 수 없는 것에 생을 낭비하지 말고, 내가 통제할 수 있는 것에 온 신경을 쏟는다면 성공의 문이 열린다. 그럼 우리가 통제할 수 있는 것과 통제할 수 없는 무엇일까? 통제할 수 있는 것은 노력의 양이고, 통제할 수 없는 것은 타인의 평가다. 타인의 평가는 지극히 개인적이고 주관적이다. 남의 시선을 의식하지 말고 그냥 온전한 나로서 노력하는 것. 이것이 내가 다양한 실패를 경험하며 깨닫게 된 성공의 비결이다.

예를 들어 신제품 출시와 그 성과는 직장인 개인이 통제할 수 없는 영역이다. 그러나 매일 수첩에 아이디어를 적고, 고객의 목소리에 귀 기울이며 제품을 발전시켜나가는 것은 개인이 통제 가능한 노력의 영역이다. 면접장에 가기 전에 만반의 준비를 갖추는 노력 역시 개인이 통제할 수 있는 부분이다.

신학자 라인홀드 니부어는 이렇게 말했다.

"신이여 바라옵건대, 저에게 바꾸지 못하는 일을 받아들일 차분함과 바꿀 수 있는 일을 바꾸는 용기와 그 둘의 차이를 늘 구분하는 지혜를 주옵소서."

이는 나의 기도이기도 하다.

네 번째 도구,
역설 및 통념 반박

역설적인 표현은
여운을 남긴다

'가장 한국적인 것이 세계적인 것'이라는 자주 인용되는 역설적인 표현이 있다. 얼핏 들으면 이해가 되질 않는다. 그러나 속뜻을 자세히 살펴보면 하나의 진리를 발견할 수 있다. 남을 모방하지 않는 자신만의 무언가, 그 뚜렷하고 진한 특색과 색채가 오히려 경쟁력 있다는 뜻이다.

일론 머스크는 한 강연에서 "나는 내가 비정상이란 걸 잘 압니다. 그렇지만 비정상이라서 화성에 사람을 보내고, 미국에서 처음으로 전기차를 만들 수 있었습니다."라고 비정상의 효용에 대해 역설했다. 뻔한 표현, 뻔한 패턴을 비트는 역설의 표현은 주변의 공기를 장악하는 힘이 있다.

우리는 평소 역설적인 표현이 다른 평범한 문장들 사이에서 빛을 발하는 경우를 자주 목격한다. 예를 들어 빠르게 변화하는 세상의 흐름 속에서 오히려 본질에 집중해야 될 때라고 말하거나, 빅데이터가 중요해진 시대에 오히려 개인의 특성이 세세히 담긴 스몰데이터에 주목해야 한다고 말하는 식이다. 이 밖에도 언택트 시대지만 대면 경제에 다시금 집중해야 한다고 강조하거나, 인공지능 시대지만 사람의 역할이 중요하다고 주장하거나, 디지털 시대지만 아날로그의 저력을 강조하는 등 역설적인 표현을 활용하면 효과적으로 이목을 집중시킬 수 있다.

한 명사수가 오랜 수련 끝에 사격대회에서 여러 번 우승을 차지했다. 휴식을 취하기 위해 고향으로 가는 도중, 명사수는 우연히 어떤 집 마당에 있는 벽에서 분필로 그려진 수많은 원을 발견한다. 놀랍게도 정확히 모든 원 한가운데에 총탄 자국이 나 있었다. 수소문 끝에 사격수를 찾아냈는데, 그 주인공은 맨발에 누더기를 걸친 한 소년이었다. 명사수가 어디서 그런 놀라운 사격술을 배웠는지 묻자 소년은 "아무에게도 배우지 않았어요. 그냥 먼저 담벼락에다 총을 쏜 다음 분필로 총구멍 주위에 원을 그린 것뿐인 걸요." 하고 답했다.

『탈무드』의 한 대목이다. 우리는 이 소년처럼 사고할 필요가 있다. 면접 준비를 위해 남들처럼 예상 질문을 달달 외우는 것이 아닌, '좋은 답변'부터 준비하는 것이다.

의류기업 파타고니아의 CEO는 자신이 추구하는 진정성은 '어떤 이미지를 갖는 데 관심을 두지 않는 것(Untrend is trend)'에 있다고 말했다. 즉 자신이 마케팅 경쟁이 치열한 패션산업에 종사하고 있지만 소모적인 마케팅 전쟁에 참여하지 않음으로써 본연의 비전에 집중하겠다는 것이다. 실제로 그들은 블랙프라이데이 때 과도한 소비로 환경 파괴가 우려되자 "이 재킷을 사지 마세요. 꼭 필요하지 않으면."이라고 회사의 옷을 사지 말라는 역설적인 광고를 〈뉴욕타임스〉에 실었다. 이 광고는 효과가 있었을까? 기업의 사회적 책임(CSR)을 다하는 모습에 감명을 받은 소비자들에 의해 파타고니아의 매출은 약 40% 급성장했다.

스타벅스의 CTO 게린 마틴 플리킨저는 "디지털 트랜스 포메이션을 통해 바리스타가 좀 더 자유로워지면 음료를 만드는 데 능력을 더 발휘할 수 있고, 고객에게 좀 더 가까이 다가갈 수 있습니다."라고 말했다. 이는 통념에 반하는 표현으로, 디지털 전환에 핵심 역량을 집중함으로써 오히려 오프라인 공간과 기업 본연의 가치인 '바리스타의 손길과 미소의 중요성'이라는 아날로그 감성을 놓치지 않겠다고 강조한 것이다.

'역설적(逆說的)'의 사전적 정의를 검색해보면 '어떤 주장이나 이론이 겉보기에는 모순되는 것 같으나 그 속에 중요한 진리가 함축되어 있는'이라는 정의가 나온다. 이보다 더 깔끔한 정의가 있을까? 역설적인 표현은 겉보기에 모순적이지만 듣는 이의 의아함을 자아내 주의를 환기시키고, 다시 한번 생각하게 만들어 긴 여운을 남긴다.

역설적인 사례를 좀 더 살펴보자.

유럽 중세시대에는 결핵 진료를 잘하기로 소문난 의사가 있었다. 입을 벌려 목구멍을 확인하면 결핵에 걸렸는지 단 3초 만에 알아냈다. 심지어는 걸음걸이만 보고도 "저 친구는 3일 안에 결핵에 걸리겠군." 하면 기가 막히게도 3일 안에 결핵에 걸렸다. 그는 사람들의 존경을 받으며 행복하게 생을 마감했다. 그런데 여기서 든 의문. 과연 그의 비결은 무엇이었을까? 그의 비결은 진료도구에 득실득실했던 결핵균이었다. 고의는 아니었지만 진료를 보면서 타인을 감염시켰던 것이다.

아마존의 제프 베이조스는 2012년에 한 연단에서 이렇게 말했다. "많은 사람이 나에게 10년 안에 무엇이 변화할지에 대해 질문하지만 다음 10년 동안 무엇이 변화하지 않을지는 묻지 않는다. 내 생각에는 후자의 질문이 훨씬 중요하다. 나는 아마존의 고객이 10년 후에도 더 싼 가격과 빠른 배송, 다양한 선택권을 원하는 것을 알고 있다. 그래서 우리는 이러한 변하지 않는 가치에 더욱 집중하고 있다."

면접장에서 제프 베이조스처럼 변화하는 현실 속에서 변하지 않을 가치에 대한 자신만의 신념을 논리적으로 전개할 수 있다면 어떻게 될까? 면접관의 마음을 사로잡을 확률이 높아질 것이다.

역설적인 표현을
면접에서 활용해보자

스크립트의 기본 골격이 단단하게 갖춰졌다면 이제 그 속에 역설과 아이러니라는 무기를 감춰 파괴력을 더해보자. 역설적인 표현을 통해 우리는 효과적으로 주제를 강조할 수 있다. 역설적인 표현은 면접장에서 다음과 같이 활용될 수 있다.

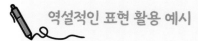

역설적인 표현 활용 예시

Q **우리 회사가 나아갈 방향에 대한 지원자의 생각이 궁금합니다.**

증권 시장에서 전통기업의 수직적 모델이 외면받고 있습니다. 반면 플랫폼기업의 높은 가치는 부각되고 있죠. 플랫폼기업이 오늘날과 같이 가치가 높아진 이유는 대중의 힘을 지렛대로 이용했기 때문입니다. 인터넷 웹사이트에 가입하기 전에 임의의 모호한 문자를 읽고 따라 적어야 하는 '캡차'라는 절차가 있습니다. 그 목적은 불법 봇이 사이트에 중복으로 가입해 교란시키는 것을 방지하기 위함입니다. 그리고 한 걸음 더 발전해 '리캡차'라는 것이 생겨났습니다. 임의의 모호한 문자가 아닌 고문서의 활자를 캡차의 과정에 활용해 그 해석을 대중에게 위탁한 것인데요. 이를 통해 매일 1억 개의 단어가 해석되고 있고, 전 세계 인구의 10%가 넘는 사람이 자신도 모르게 리캡차 프로젝트에 힘을 보태고 있다고 합니다. BGF리테일의 편의점도 메뉴 개발에만 에너지를 쏟는 것이 아니라, 대중의 힘을 적극적으로 활용해 하나의 플랫폼으로 거듭나야 한다고 생각합니다. 이를 위해서는 우선 메뉴 공모를 더욱 적극적으로 열어야 합니다.

흥행 효과와 동시에 메뉴 개발 비용을 아낄 수 있고, 더욱 대중 친화적인 메뉴를 개발할 수 있다고 생각합니다.

Q 신사업팀에 입사한다면 어떤 신사업을 구상하고 싶으세요?

글로벌 화장품기업의 역할은 고객들을 아름답게 꾸미는 데 한정되어 있지 않다고 생각합니다. 스스로를 가꾼다는 감정적인 고양감을 고취시켜 고객이 행복에 가까이 다가갈 수 있도록 돕는 역할도 있다고 생각합니다. 심리학자 알프레드 아들러는 더 나은 상황을 위해 힘쓰는 '우월성 추구'를 인간이 가진 가장 근원적인 욕구라고 말했습니다. 그래서 아모레퍼시픽의 서비스를 화장품의 제공에만 두지 않고 멘탈케어, 헬스케어 분야의 산업과 협업해 사업 영역을 라이프 스타일 전반으로 확장시켜야 한다고 생각합니다. 단순히 피부의 미학이 아닌 삶의 미학을 위해 루틴 컨설팅, 디지털 심리 컨설팅 등의 신사업을 생각해봤습니다. 앞으로 아모레퍼시픽이 종합 라이프스타일 케어 브랜드로 거듭나도록 돕겠습니다.

Q 투자동아리를 이끌면서 어떤 성취를 경험했나요?

비전가는 고독하다. 그렇기에 더더욱 구성원들을 설득시키는 것이 비전가가 가장 먼저 해야 할 일이다. 2년간

취업을 뽀개는 면접 레볼루션

투자동아리를 이끌며 얻은 지혜입니다. 이해관계와 관심사가 다른 수십 명의 사람들과 함께 작은 동아리를 대학 연합동아리로 확장시키고, 조직의 매뉴얼을 재정비하는 과정에서 많은 부침을 겪었습니다. 저에게 호의적이지 않은 사람들에게 실망한 것도 잠시, 스스로에게 반문했습니다. 그들을 설득하는 데 게을렀던 건 아닐까. 그래서 구성원들의 스케줄에 맞춰 프레젠테이션을 준비하고 비전을 설득시키는 시간을 가졌습니다. 그제야 사람들은 저를 돕기 시작했고, 저희 동아리는 가장 체계적인 시스템을 갖춘 대형 동아리를 거듭날 수 있었습니다. 진정성 있는 대화를 통해 사람의 마음을 움직일 수 있었습니다. 고독함 속에서도 조직의 구성원으로서 커뮤니케이션을 위한 노력을 게을리하지 않는 비전가가 되겠습니다.

Q **우리 회사에 지원한 동기가 무엇입니까?**

아름답다라는 말은 단순히 외관뿐만 아니라 정서적·신체적으로도 무한히 확장될 수 있는 높은 잠재력을 가졌다고 생각합니다. 졸업을 앞두고, 아버지께서 후두암 판정을 받아 제가 간병을 하게 되었습니다. 아버지의 금주를 돕고, 치료를 응원하기 위해 온 가족이 모여 저녁식사 후에 차를 마시며 대화하는 시간을 가졌습니다. 생활 패턴이 달라 좀처럼 얼굴 보기가 어려웠던 저희 다섯 식구가 차를 마시면서 대화하는 것이 처음에는 굉장히 어색했습니다. 그러다 조금씩, 빡빡했던 하루의 쉼표 같은 시간이 되었습니다. 차를 고를 때마다 "이번에는 항암과 마른기침에 효과가 좋은 울금차, 다음에는 가래에 도움이 된다는 연근차를 마셔보자."면서 다양한 차의 효능과 맛을 경험하게 되었습니다. 아버지가 건강을 회복하는 모습을 보면서 정서적·신체적 이너뷰티가 가진 힘을 느꼈습니다. 코로나19의 장기화로 최근 건강과 면역력, 다이어트에 대한 관심이 더욱 높아지면서 건강한 음용문화에 대한 관심도 함께 높아지고 있습니다. 저는 이러한 음용문화에 기여하는 기획자가 되고 싶습니다

인용하기 좋은
역설적인 표현들

역설적인 표현에 대한 좋은 아이디어가 없다면 이제부터 소개할 사례들을 참고하기 바란다. 다양한 사례를 통해 생각의 영역을 넓혀보자.

취업을 뽀개는 면접 레볼루션

- 나이키는 자신들의 경쟁자를 아디다스가 아닌 닌텐도라고 말했다. 나가서 놀지 않고 집 안에서 닌텐도를 하는 아이들로 인한 시장 축소를 걱정하며 한 말이었다.
- 말보로를 만드는 필립 모리스의 비전은 '담배 연기 없는 미래'다. 담배를 지속적으로 사용하고자 하는 모든 성인 흡연자에게 과학적으로 증명된 아이코스 등 더 나은 대체품을 제공해 최대한 빠르게 시장을 선도하겠다는 포부다.
- 프랑스 철학자 알랭 드 보통은 말했다. "우리가 동등하다고 여기는 사람들이 우리보다 나은 모습을 볼 때 받는 그 느낌. 이것이야말로 불안의 원천이다."
- 『트렌드 코리아 2021』에서는 온라인 쇼핑은 제공할 수 없지만 오프라인 쇼핑이 제공할 수 있는 세 가지 요소로 압도적 공간감, 상품의 물성, 체험적 요소를 들었다.
- 스몰데이터는 지극히 개인적이고 사소한 특징 자체에 가치를 두는 행태 데이터를 말한다. 이는 소비자의 정서와 성향에 대한 통찰력을 제공하는 질적 정보로 빅데이터가 보지 못하고 간과하는 정보를 포착하기 위해 연구된다.
- 장 보드리야르의 '피노플리 효과'는 소속되기를 희망하는 어떤 집단의 소비자가 구매할 것으로 여겨지는 상품을 구매함으로써 그 집단과 같은 부류가 되었다고 느끼는 현상을 가리킨다. 준거 집단을 파악

하거나, 브랜드 스스로가 지향점이 되도록 하는 노력이 병행되어야 함을 암시한다.

- 데이터센터는 기기 냉각을 위한 별도의 설비에 막대한 투자를 하기보다 온도가 낮은 북극과 같은 지역에 설치된다.

- 저가 항공사로 유명한 피치항공의 이노우에 신이치 사장에게 물었다. "피치는 무엇을 위해 존재하는 회사입니까?" 사장이 답했다. "피치는 전쟁을 없애기 위해 존재합니다. 과거 일본과 다른 아시아 국가들 간에 불행한 일이 많았습니다. 그런 일을 두 번 다시 일으키지 않기 위해서 사람들에게 여러 나라의 친구를 만들어주고 싶어요. 그러려면 젊었을 때부터 자주 외국에 나가 다양한 문화를 접하고 많은 사람을 만나야겠죠. 그럼 어떻게 해야 할까요? 지갑이 얇은 젊은 이들도 손쉽게 여러 나라에 갈 수 있게 하는, 그런 항공사가 필요하겠죠. 피치가 바로 그런 일을 합니다."

- 조지 오웰의 『1984』에서 발췌한 문장이다. '새로운 단어의 목적은 사고 폭을 좁히는 데 있다. 언어가 완성될 때 혁명도 완수된다.'

- 다니엘 골먼은 직원 성과에 영향을 주는 가장 중요한 요소는 감성이라고 강조한 바 있다. 그는 조직 성과에서 이성의 영향력은 20%에 불과하지만 감성의 영향력은 80%에 달한다고 지적했다.

- 유튜브는 원래 온라인 데이팅 사이트로 서비스를 시작했지만 사람들이 관련 영상을 올리지 않자 지금의 사업 모델로 전환해 성공에

이르렀다. 또 트위터의 전신은 팟캐스트 플랫폼이었으나 애플이 무료로 팟캐스트 콘텐츠를 제공하자 할 수 없이 짧은 메시지를 친구들에게 전달하는 서비스로 전환했다. 인스타그램은 본래 소셜네트워크 게임과 위치 기반 SNS 기능이 결합된 서비스였는데, 당시 이용자들이 게임보다는 본인의 사진을 공유하는 데 관심을 보이자 지금의 모습으로 방향을 전환했다. 이처럼 창업자가 사업을 진행하는 과정에서 제품, 전략, 성장엔진에 대한 새롭고 근본적인 가설을 테스트하기 위해 경로를 구조적으로 수정하는 것을 경영학 용어로 '피보팅'이라고 한다.

· 정신의학과 전문의 정혜신 박사는 "인공지능이나 로봇은 무엇인가를 적극적으로 함으로써 자신의 존재를 증명해야 하지만, 인간이 가진 공감 능력은 평가나 판단을 하지 않고 오롯이 상대의 마음을 수용하고 품는 과정이다."라고 말했다.

· 아마존의 순서 파괴(Working backwords) 문화는 개발자 판단에 따라 순서대로 계획을 세워 제품을 만드는 대신 고객이 누릴 효용을 먼저 설계하는 방식을 말한다. 새로 기획한 아이디어가 실제로 어떻게 구현될지를 첫 아이디어 회의에서 보여야 한다. 소수의 천재성이 아닌 극도의 효율과 실천을 추구하는 조직경영 시스템이 지금의 아마존을 만들었다.

· 넷플릭스에는 태거라고 불리는 콘텐츠 분석 전문가들이 있다. 영화,

예능, 애니메이션 등의 신규 콘텐츠가 들어오면 약 50명의 전문가들이 해당 콘텐츠를 일일이 감상하고 분석해서 태그와 메타데이터를 생성한다. 이를 위해 태거들은 일주일에 20시간 정도 콘텐츠를 몰아본다. 태거들은 영화 및 방송업계에서 5년 이상의 경험을 가진 사람들로, 콘텐츠에 관한 높은 수준의 지식과 함께 콘텐츠의 미묘한 뉘앙스를 구별하는 능력, 그리고 콘텐츠의 본질적 특성을 추출해서 간결하게 전달하는 능력을 겸비했다. 이와 같은 디테일한 작업들은 AI가 수행하기 어려우며 오롯이 경험이 풍부한 인간만이 할 수 있는 영역이다. 이들이 넷플릭스에서 생성하는 태그 유형만 1천 개가 넘는데, 태그 유형을 통해 콘텐츠는 무려 7만 6천 가지의 마이크로 장르로 구분된다. 이러한 분류가 넷플릭스의 축적된 데이터와 결합해 아무도 흉내 내지 못하는 차별성을 만들어냈다. 이렇게 극도로 세분화된 넷플릭스의 분류 작업을 '넷플릭스 양자이론'이라고도 부르는데, 이는 넷플릭스 큐레이션의 탁월성이 기술에만 있는 것이 아니라 '사람'에게도 있다는 것을 의미한다.

- 페이스북의 핸드북에는 이런 내용이 있다. '만약 우리가 페이스북을 죽일 존재를 만들어내지 않으면 다른 누군가가 그렇게 할 것이다.'

- 1820년 그린란드 북서쪽에 살고 있던 이누이트족 내에서 치명적인 전염병이 돌았다. 이 과정에서 노인들이 갑자기 사망했고, 그러자 그들은 생존에 핵심적인 기술들, 예컨대 카약, 작살, 활, 화살을 더 이상

만들 수 없게 되었다. 제작하는 기법과 노하우를 아는 노인들이 모두 죽었기 때문이다. 그들은 그후 무려 40년 동안이나 그런 기본 도구들 없이 암흑 같은 삶을 살아야 했고, 1862년에서야 다른 섬에서 온 이누이트족에 의해 기술이 복원됨으로써 문명의 세계로 재진입하게 되었다.

· 페이스북의 초기 투자자 피터 틸이 말했다. "죽음에 접근하는 방식에는 크게 세 가지가 있다고 생각한다. 수용하거나, 부정하거나, 싸우는 것이다. 수용하거나 부정하는 사람들이 대부분이겠지만 난 여전히 싸우는 쪽이 좋다."

· 미래학자 레이 커즈와일이 주장했다. "2050년에는 몸이 건강하고 은행 잔고가 충분한 사람은 불멸을 시도할 것이다." 우디 앨런은 말했다. "나는 내 아파트에서 사는 게 더 좋다. 나는 작품을 통해서만 불멸을 얻고 싶지 않다. 죽지 않음으로써 불멸을 얻고 싶은 것이 한 인간으로서의 나의 소망이다."

· 고대에 힘이 있다는 건 한정된 특별한 데이터에 접근할 수 있다는 뜻이었다. 오늘날 힘이 있다는 것은 무엇을 무시해도 되는지 안다는 뜻이다.

· 공자가 말했다. "우리가 태어나서 말을 배우는 데 2년의 시간이 걸리지만, 침묵을 배우는 데는 60년이라는 시간이 걸린다."

· 역설적이게도 실리콘밸리 개발자들을 중심으로 '종이'가 다시 부활

하고 있다. 세계적으로 가장 유명한 스마트폰 메모 애플리케이션을 만드는 에버노트의 프로그래머와 디자이너는 종이수첩을 너무 좋아한 나머지 몰스킨과 손을 잡고 직접 고급 종이수첩을 제작하기도 했다. 스티브 잡스는 집에서 자녀들이 IT 기기를 쓰지 못하도록 철저하게 금지했고, 빌 게이츠는 자녀들이 15살이 될 때까지 컴퓨터와 스마트폰의 사용을 엄격하게 금지했다. 세계 최고의 IT기술 잡지 〈와이어드〉를 창간한 크리스 앤더슨도 자녀들의 IT 기기 사용을 제한했다. 그는 서재를 직접 만들 정도로 강력한 아날로그주의자다. 페이스북의 공동 창업자 숀 파커는 IT 기기를 사용하지 않으며 그 어떠한 SNS도 하지 않는다. IT 기기와 SNS가 창의성을 제한한다는 이유에서다.

· 2014년 〈사이언스〉는 자극과 관련된 흥미로운 실험을 진행한다. 실험자들을 대상으로 "전기충격기로 충격을 준다면 어떻게 하겠는가?"라는 질문을 던진다. 당연히 모든 참가자는 돈을 내고서라도 전기충격을 피하고 싶다고 대답했다. 하지만 막상 텅 빈 방에 전기충격기를 놓고 실험자를 홀로 남겨두자 남자는 67%, 여자는 25%가 자기 몸에 직접 전기충격을 가했으며, 심지어 여러 번 충격을 가하는 사람도 많았다. 이처럼 인간은 본능적으로 자극을 추구하는 존재다. 자극으로부터 해방될 때 인간은 밀도 있는 성장을 이룰 수 있기에, 자극을 제공하는 산업 못지않게 자극으로부터 자신을 지키는 산업

취업을 뽀개는 면접 레볼루션

이 성장하고 있는 것이다. 1830년 빅토르 위고는 손님과 놀면서 시간을 보내며 집필을 게을리 했다. 출판사와 약속한 마감 기한이 6개월 남은 상황에서 밖에 나가지 않기 위해 스스로 옷장에 자물쇠를 걸었다. 이러한 유혹의 차단은 큰 효과를 거뒀고 약속한 기한에 책을 낼 수 있었다. 그 책이 바로 『노틀담의 꼽추』다.

· 토머스 에디슨은 라이벌 니콜라 테슬라의 교류시스템을 비난하기 위해 1890년 당국에 교류전기 의자를 활용한 사형 집행을 제안한다. 교류전기가 위험하다는 그릇된 인식을 대중에게 심어주기 위해서였다. 하지만 교류전압은 사람을 죽이기에는 미약했고, 당국은 사형수가 죽을 때까지 사형 절차를 여러 번 반복해야 했다. 이는 미국 역사상 가장 잔인한 사형 집행 중 하나로 꼽힌다. 자신이 구축한 '직류 제국'을 지키고자 벌인 에디슨의 이러한 욕심과 집착은 훗날 그의 평판을 크게 훼손시킨다.

· 정도전은 고려 말 떠난 유배지 나주에서 민초들의 삶을 관찰하면서 조선 건국의 꿈을 키웠고, 허준은 선조의 죽음에 대한 책임으로 2년간 떠난 유배지에서 『동의보감』을 집필했다. 손정의 회장은 30대에 병상에서 수천 권의 책을 읽었고 이를 토대로 사업을 구상했다. 이처럼 때로는 심각한 위기가 곧 기회가 되기도 한다. 현지 유학생과 여행자를 연결해주는 스타트업 마이리얼트립은 코로나19가 발발하자 현지 가이드들이 라이브로 해외 여행지를 소개해주는 '랜선여행' 콘

셉트를 개발해 위기 극복에 성공했다.

· 아프리카 남쪽에 있는 보츠와나는 야생 짐승이 주민들의 재산인 소를 마구 잡아먹자, 소 엉덩이에 부릅뜬 눈을 그려넣음으로써 간단하게 문제를 해결했다.

· 영국의 엘리자베스 여왕이 손자인 윌리엄 왕자와 닌텐도 위를 하는 모습이 화제가 되었다. 닌텐도 위는 출시 초기에 단순히 제어 방식만 바꿨을 뿐 어떠한 신기술도 적용되지 않아 혁신적이지 않다는 비난을 받았었다.

· 미국 몬태나주의 협곡에 큰 산불이 일었다. 산불을 진압하기 위해 소방 공수대원이 투입되었다. 불길이 좀처럼 잡히지 않자 현장 지휘자는 도저히 진압할 수 없다고 판단해 부대원들에게 장비를 버리고 도망치라고 명령했다. 몸처럼 이고 다니던 장비를 버리지 못한 13명의 구조원은 숨을 다했고, 신속하게 장비를 버린 2명만 살아남을 수 있었다. 마리 앙투아네트는 폭동으로 궁전을 탈출하면서도 화려한 대형마차를 고집하다가 파리 인근 도로 위에서 붙잡혔다. 세계적인 고공 곡예사 칼 윌렌더는 바람에 휘청이다 떨어지던 순간, 외줄 대신 자신의 균형봉을 잡아 목숨을 잃었다.

· 폴 고갱은 35살까지 주식 중개인으로 일했고, 빈센트 반 고흐는 33살까지 전도사, 교사, 서점 점원으로 일했다. 페이팔의 창업자이자 페이스북의 초기 투자자 피터 틸은 스탠포드대학교 법학과를 나와

법원연구원으로 일하던 중 대법관시험에 낙방한다. 그 뒤 심기일전
해서 세운 회사가 페이팔이다. 이들 모두는 관성을 거스르고 과거에
매몰되지 않았기에 큰 성공을 거둘 수 있었다.

· "친구가 부자가 되는 것만큼 사람의 분별력을 어지럽히는 일은 없
다." 수십 년 동안 경제 버블을 연구한 미국 경제학자 찰스 킨들버거
가 버블이 발생하는 원인에 대해 한마디로 결론 내린 문장이다.

· 천재 트레이더 제시 리버모어는 30대의 이른 나이에 공매도로 3조
원이 넘는 돈을 벌었다. 그러나 그는 자신을 너무 과신했고 무리하게
투자한 결과 불과 4년 후 맨해튼의 한 호텔에서 권총 자살로 생을 마
감했다. 프랜시스 스콧 키는 미영전쟁에서 포로로 잡힌 배 위에서 훗
날 미국 국가가 되는 시를 썼고, 유대인 심리학자 빅터 프랭클은 수
용소에서 로고테라피라는 심리학을 완성해 세계적인 심리학자가 되
었다. 말콤 엑스는 문맹에 가까웠으나 강도로 7년간 수감된 감옥에
서 이마누엘 칸트, 바뤼흐 스피노자의 책을 읽었고 출소 후 마틴 루
터 킹과 함께 흑인인권운동을 주도했다. 이처럼 위기와 기회는 서로
서로 맞물려 존재한다.

· 1867년, 미국은 러시아로부터 알래스카를 720만 달러에 매입했다.
당시 국무장관 윌리엄 슈어드는 얼음덩이를 돈 주고 사는 미친 짓이
라고 비난했다. 몇십 년 뒤 알래스카에서는 수십조 원 규모의 유전이
발견되었다. 제1차 세계대전의 원인이 된 오스트리아 황태자 암살사

건은 운전기사가 길을 잘못 들어 발생했다. 이렇듯 우리는 '우연'의 영향을 피할 수 없다. 유대 상인 요셉 드 라 베가가 수백 년 전에 집필한 『최고의 혼란』에는 이런 구절이 있다. '불운을 두려워하지 않고 충격을 견디는 법을 아는 사람은 천둥에 혼비백산해 숨을 곳을 찾는 사슴이 아니라 천둥에 포효로 답하는 사자와 닮았다.' 우연이 삶을 덮칠지라도 이에 대응할 수 있는 강한 심장이 있다면 우리는 우연의 지배에서 벗어나 진정으로 자유로울 수 있다.

· 모든 투자자들이 변덕이 심한 소셜네트워크 시장을 외면하기 시작했을 때, 페이팔의 창업자 피터 틸은 사용자들이 왜 '프렌드스터'에서 '마이스페이스'로 갈아타는지를 파고들었다. 그는 프렌드스터에 오류를 유발하는 심각한 서버 문제가 있다는 것을 발견했고, 그럼에도 불구하고 소비자들이 얼마나 이 서비스에 오래 머무르는지에 주목했다. SNS 시장의 가능성에 눈을 뜬 그는 투자를 받기 위해 찾아온 마크 저커버그에게 5억 달러짜리 수표를 써줬고, 8년 뒤에 이 지분은 1조 원에 매각되었다.

· 워런 버핏은 88세에 845억 달러의 부를 일궜다. 그중 842억 달러는 50살 이후에 만들어진 것이다. 만일 그가 이른 나이에 은퇴했다면 우리는 그의 이름을 듣지 못했을 것이다. 그의 성공 비결은 단순하다. 75년간 쉬지 않고 투자를 했다는 것.

· 빌 브라인슨의 책 『바디』에 따르면 우리가 운동으로 태운 칼로리를

4배나 과대평가한다고 한다. 그렇기에 방금 태운 칼로리의 2배를 섭취해 계속 다이어트에 실패하는 것이다. 물리학자 리처드 파인만은 가장 속이기 쉬운 사람은 자기 자신이라고 말했다.

· 심리학자 아담 갈린스키가 실험한 결과에 따르면, 축구팀에 스타플레이어가 60%를 넘어가면 오히려 팀 성적이 떨어졌다. 연구를 확장해 다른 스포츠, 회사, 조직에 적용해도 마찬가지였다. 그 이유는 스타들끼리는 화합하지 못하고, 서열을 나누고, 과도하게 경쟁했기 때문이다.

· 영화 〈죠스〉에는 거의 막판까지 죠스가 나오지 않는다. 죠스 모형기계가 물에 침식되자 스티븐 스필버그는 아예 이를 폐기했고, 오히려 음악을 통해 긴장감을 고조시켜 더욱 참신하고 흥미로운 영화를 만들어냈다.

· 통증은 조직손상이 일어나기 전에 의식적인 자각을 주는 방어적 작용이다. 통증을 느낄 수 없다면 우리는 우리에게 닥쳐온 위험을 인지하지 못해 몸이 더 상하는 결과를 낳게 될 것이다.

- 유려한 답변도 중요하지만 가능하다면 말에 엣지를 한 스푼 정도 첨가하는 것이 좋다.

- 나의 사고를 표현하는 데 '개념재정의'는 가장 효율적인 방법 중 하나다.

- 내용에 인용을 곁들이면 단순한 상황에 대한 나열보다 훨씬 더 흡입력 있는 문장이 된다.

- 고전을 인용하는 태도는 그 자체로 조화와 겸손의 가치를 내포하고 있어 자신의 조직 순응도를 어필하기에 적합하다.

- 재치 있는 비유는 듣는 이로 하여금 머릿속에서 자주 곱씹게 만드는 파급력이 있다.

- 역설적인 표현은 겉보기에 모순적이지만 듣는 이의 의아함을 자아내 주의를 환기시키고, 다시 한번 생각하게 만들어 긴 여운을 남긴다.

PART 3

⚡ 면접의 기술 ⚡
5단계 답변 농축액

첫 번째 농축액:
자기소개

앞서 소개한 다섯 가지 답변 농축액을 다시 한번 살펴보자.

1. 자기소개

2. 역량 어필

3. 성장 내러티브

4. 비즈니스의 현재상

5. 비즈니스의 미래조감도

이제부터 다섯 가지 답변 농축액을 바탕으로 A4용지 2장 분량의 스크립트를 작성하는 구체적이고 효율적인 방법을 소개하겠다.

회사가 인재를 뽑는 프레임은 크게 두 가지가 있다. 바로 '교체'와 '성장'이다.

먼저 교체의 프레임은 퇴직으로 생긴 인력의 공백을 채우기 위한 채용이다. 회사가 안정적인 형태로 유지되기 위해서는 기존의 인력이 퇴사하더라도 누군가가 자리를 메꿔야 한다. 이 경우 회사는 교체가 무리 없이 이뤄질 수 있도록 완만한 사회성을 본다.

기업은 다양한 사람의 집합으로 구성된다. 개인이 아무리 뛰어나도 팀원과 마찰을 일삼고 분란을 조장한다면 그에 따른 감정적 비용이 개인의 능력을 상쇄시킬 것이다. 기업은 안정과 동시에 성장을 추구한다. 그렇기에 집단에 위화감 없이 잘 녹아들 수 있는 지원자를 원한다. 따라서 교체를 위한 채용에서는 회사 사람들과 잘 녹아들 수 있다는 점을 어필하면 좋다. 즉 답변에서 사회성이 묻어나야 한다.

다음으로 성장의 프레임은 신입사원을 채용하는 경우를 말한다. 이 경우 지원자는 통통 튀는 기획력으로 회사를 역동적으로 성장시킬 수 있는 인재라는 부분을 어필해야 한다. 특히 연공서열이 폐지되고 직급 간 경계가 희미해지는 오늘날의 대기업 채용

가장 어려운 취업 준비 항목 설문조사(복수응답)

1위	1분 자기소개 33.2%
2위	자기소개서 도입 문장 25.2%
3위	어학점수 향상 24.1%
4위	직무 역량 개발 18.2%
5위	AI 채용 대비 15.7%

자료: 잡코리아, 알바몬

에서는 자신만의 '펑키함'을 일정 수준 어필할 필요가 있다. 교체와 성장의 관점에서 발생하는 기업의 니즈는 자기소개를 통해 충족시킬 수 있다.

문제는 대부분의 취업준비생이 자기소개를 굉장히 어렵게 느낀다는 점이다. 잡코리아와 알바몬이 취업준비생 1,636명을 대상으로 취업 준비 과정을 통틀어서 가장 어렵게 느끼는 항목에 대해 물었다(복수응답). 그 결과 '1분 자기소개'가 응답률 33.2%로 1위를 차지했으며, 그다음으로 '자기소개서 도입 문장'이 25.2%, '어학점수 향상'이 24.1%, '직무 역량 개발'이 18.2%, 'AI 채용 준비'가 15.7%로 뒤를 이었다.

면접을
여는 포문

자기소개의 중요성은 아무리 강조해도 지나치지 않다. 자기소개는 면접을 여는 포문과 같다. 자기소개를 성공적으로 '완수'하게 되면 심리적 안정감이 생겨 이어지는 질문에도 편안한 마음으로 대처할 수 있다. 반대로 자기소개부터 버벅거리면 어떤 일이 생길까? 예상치 못한 실수로 심장 박동이 빨라지고, 뒤이은 말도 빨라질 것이다. 앞선 실수로 조급함을 느꼈기 때문인데, 말이 빨라지면 또 다른 실수가 연쇄적으로 벌어질 가능성이 커진다.

자기소개가 만족스럽지 않으면 찝찝한 마음에 페이스 조절에 실패하게 되고, 이러한 실수를 만회하기 위해 과장된 표현을 내뱉을 가능성이 커진다. 말 그대로 '말리는 것'이다. 그래서 자기소개만큼은 눈감고 외울 수 있을 정도로 '철저하게' 암기해야 한다. 후술할 다섯 가지 핵심 키포인트를 중심으로 내용을 철저히 암기하기 바란다. 다른 부분에서는 사소한 표현 정도는 달라져도 무방하지만, 자기소개만큼은 출력의 정확도를 100%로 만들어야 한다. 그것만이 상황이라는 변수를 제어하기 위한 유일한 방편이다.

인간은 편견의 동물이다. 다른 질문과 달리 자기소개는 동일한 포맷, 동일한 기회가 주어진다. 왼쪽이나 오른쪽에서부터 차례대로 진행되기 때문에 경쟁자와의 비교가 적나라하다. 면접관 입장에서는 첫걸음을 잘 뗀 지원자에게 좀 더 호의적일 수밖에 없다.

나는 과거 별 볼 일 없는 스펙으로 메이저 은행계열 카드사 기획직군에 합격한 경험이 있다. 서류전형은 합격 배수가 높기도 했고, 운이 좋았다는 것을 알아서 면접을 철저히 준비했다. 운동장 구석에서 자기소개 스크립트를 달달 외웠다. 친구 앞에서도, 강의실에서도, 화장실에서도 끊임없이 외우며 상황에 대한 내성을 키우기 위해 노력했다. 그래서 면접 때는 별 생각 없이 술술 깔끔하게 자기소개를 끝마쳤다. 간투어 하나 없는 명료하고 엣지 있는 자기소개에 면접관은 인상적이라며 칭찬했고, 함께 있던 다른 지원자들은 위축된 모습을 보였다.

의외로 많은 사람이 자기소개를 대충 준비하는 경우가 많다. 다시 한번 강조하지만 자기소개는 면접을 여는 포문이다. 자기소개를 망치면 이미지를 반전시키기가 쉽지 않다. 엄청나게 엣지 있을 필요도 없다. 그냥 준비해온 말을 안정적이고 고른 템포로 '완수'하면 된다. 그것만 잘해도 얼마나 큰 차별화 요소인지 면접 날 알게 될 것이다.

무엇보다 자기소개 스크립트는 한 회사의 면접에만 활용되고 폐기되는 것이 아니라, 약간의 수정과 보완을 통해 여러 면접에서 재활용될 수 있다. 투입한 노력이 결코 아깝지는 않을 것이다.

자기소개의
핵심 키포인트

앞서 자기소개를 통해 기존의 인력을 대체하고 조직에 잘 녹아들 수 있는 '완만한 사회성'을 어필해야 한다고 강조한 바 있다. 우선 형식적인 측면은 고려할 필요가 없다. 정교한 형식보다는 안정감 있고 자신감 있는 마무리, 그러니까 준비한 말을 침착하

자기소개 핵심 키포인트

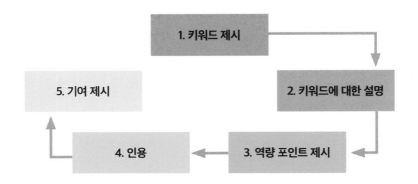

취업을 뽀개는 면접 레볼루션

게 잘 뱉어내기만 하면 충분하다. 형식의 짜임새는 그다음 문제다. 내용적 측면에서는 다섯 가지 핵심 키포인트를 제공하고자 한다. 다섯 가지 요소를 그대로 따라 할 필요는 없지만, 이를 제대로 소화하기만 해도 결코 경쟁에서 뒤지지 않을 것이라고 자신한다. 핵심 키포인트만 숙지하면 실수를 크게 줄일 수 있다.

1. 키워드 제시

먼저 별명, 꿈꾸는 미래의 모습, 비전 등 자신과 관련된 키워드를 제시한다. 이렇게 자기소개를 시작하는 이유는 첫 번째, 키워드에는 주의를 집중시키는 효과가 있기 때문이다. 또 자신에게 가장 친숙한 단어로 면접을 시작함으로써 마음을 진정시키는 효과도 있다. 두 번째, 키워드는 말을 시작하기 전에 템포를 정돈하는 역할을 한다. 너무 빠르지도 느리지도 않게 뒷말을 적절한 속도로 이어가게끔 도와주는 역할을 한다. 첫 문장의 속도가 너무 빠르면 앞말과 뒷말이 엉켜 더듬거릴 우려가 있다. 단어로 자기소개를 시작하면 단어 자체가 내포한 짧은 리듬감 덕분에 이러한 우려가 적다. 자신감은 목소리의 크기가 아닌 고른 템포에서 나온다. 간투어를 줄이고 고른 템포로 완결성 있게 말하면 면접관에게 높은 점수를 얻을 수 있다.

자기소개에서 실수가 가장 많은 부분은 말을 너무 빨리하는 것이다. 말이 빨라지는 이유는 무엇일까? 내용 숙지가 덜 되었기 때문이다. 머릿속에 자기소개 스크립트가 뚜렷하게 박혀 있지 않기 때문에 마음이 급해지고, 아른거리는 문장을 되는 대로 내뱉으면서 말이 빨라진다. 당황해서 심장 박동이 빨라지면 말도 빨라지기 마련이다. 같은 이유에서 면접 2시간 전에는 카페인 섭취나 흡연을 금하는 것이 좋다.

참고로 별명을 지을 때는 자기 자신에 대한 분석이 선행되어야 한다. 만일 덜덜 떨리는 목소리로 "침착맨, 그것이 저의 별명입니다." 하고 말하면 과연 설득력이 있을까? 낮은 학점으로 "저는 성실한 대학생이었습니다." 하고 말하면 믿음을 얻기 어려울 것이다. 오히려 진실성이 부족한 지원자로 낙인 찍혀 역효과를 낳게 된다. 또 에너자이저, 열정맨, 꼼꼼이 등의 식상한 표현은 지양하도록 하자.

2. 키워드에 대한 설명

키워드를 제시했다면 이제 그 이유를 재치 있는 표현으로 조명할 차례다. 예를 들면 다음과 같다.

"인상파 김주연이라는 별명은 무언가에 집중할 때마다 미간을 찌푸리는 버릇 때문에 친구들이 지어준 별명입니다. 무엇 하나 특출나게 뛰어난 재능은 없지만, 늘 미간을 찌푸린 채 성실한 자세로 배움에 대한 노력을 게을리하지 않았습니다. 그 결과 인문학도임에도 파이썬, 자바 스크립트 등의 프로그래밍 언어를 익힐 수 있었습니다."

3. 역량 포인트 제시

경험, 디지털 역량, 영업력, 분석력, 글로벌 역량, 기획력, 커뮤 니케이션 능력, 성격적 특질 등 자신을 내세울 수 있는 장점을 한 문장으로 정리해 표현한다. 예를 들면 이렇다.

"단순 개발 경험 외에 모바일 식권을 배급하는 IT 스타트업에서 인턴 기획자로 근무한 경험이 있습니다. 개발자, 기획자 양측의 입장을 깊이 이해할 수 있었습니다."

4. 인용

인용구를 삽입해 자기소개에 완성도를 더한다.

"적수성연(積水成淵), 떨어지는 빗물이 모여 호수를 이룬다는 뜻으로 노자의 『도덕경』에 나오는 말입니다. 다른 사람보다 특별히 빠르진 않 더라도 꾸준함만은 자신 있습니다."

5. 기여 제시

자기소개라고 해서 단순히 자신을 소개하는 데 그쳐서는 안 된다. 멘트의 마무리는 회사에 초점을 두자. 겸손한 자세를 강조하면서 회사가 자신을 선택해야 하는 설득의 근거를 제시한다.

"비록 천재는 아니지만 떨어지는 빗물과 같은 꾸준함으로 노력하는 수재가 되어 기획자와 개발자 사이의 가교 역할을 하고 싶습니다. 회사가 좀 더 소비자 친화적인 서비스를 내놓는 데 기여하겠습니다."

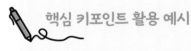

핵심 키포인트 활용 예시

Q **1분 자기소개 부탁드려요.**

인상파 김주연이라는 별명은 무언가에 집중할 때마다 미간을 찌푸리는 버릇 때문에 친구들이 지어준 별명입니다. 무엇 하나 특출나게 뛰어난 재능은 없지만, 늘 미간을 찌푸린 채 성실한 자세로 배움에 대한 노력을 게을리하지 않았습니다. 그 결과 인문학도임에도 파이썬, 자바스크립트 등의 프로그래밍 언어를 익힐 수 있었습니다. 또한 단순 개발 경험 외에 모바일 식권을 배급하는

IT 스타트업에서 인턴 기획자로 근무한 경험이 있습니다. 개발자, 기획자 양측의 입장을 깊이 이해할 수 있었습니다. 적수성연(積水成淵), 떨어지는 빗물이 모여 호수를 이룬다는 뜻으로 노자의 『도덕경』에 나오는 말입니다. 다른 사람보다 특별히 빠르진 않더라도 꾸준함만은 자신 있습니다. 비록 천재는 아니지만 떨어지는 빗물과 같은 꾸준함으로 노력하는 수재가 되어 기획자와 개발자 사이의 가교 역할을 하고 싶습니다. 회사가 좀 더 소비자 친화적인 서비스를 내놓는 데 기여하겠습니다.

Q 간단하게 자기소개를 해보세요.

레스토랑보다 맛있는 편의점. 이것이 제가 꿈꾸는 편의점의 모습입니다. 주머니 사정이 여의치 않은 대학생 시절에는 편의점 음식이 곧 집밥이나 다름없었습니다. 그래서 저에게 편의점 도시락은 단순히 값싼 음식이 아닌 소울푸드였죠. 저와 같은 공감대를 가진 충성고객들에게 "도시락 맛이 점점 좋아진다.""편의점 음식의 퀄리티가 너무 만족스럽다." 같은 말을 듣는 것이 제 커리어의 목표입니다. 저는 대학생 때부터 이 회사를 목표로 삼으며 맛에 대한 감각을 키우기 위해 직접 한식조리기능사 자격증까지 딴 경험이 있습니다. 단순한 MD가 아닌, 맛의 형성 원리에 대해 이해하고 더 나은 발전 방향을 구체적으로 제시할 수 있는 역량이 저의 장점이라고 생각합니다. 무언가 만드는 일에 종사한다면 그 무엇인가를 가장 위대하게 만들어라. 디즈니의 CEO 밥 아이거의 말입니다. 저는 편의점 도시락의 발전 가능성을 믿습니다. 누군가에게는 사소한 일일지 몰라도 저에게는 인생을 투자할 만한 가치가 있는 일입니다. 제가 만약 이 회사에 입사하게 된다면 편의점 도시락의 맛만큼은 경쟁사에 비해 월등하게 뛰어나다는 소리를 들을 수 있도록 부단히 노력하겠습니다.

취업을 뽀개는 면접 레볼루션

두 번째 농축액:
성장 내러티브

면접이란 지원자가 회사를 이성적으로 설득시키는 과정으로써, 회사는 다양한 가치척도를 바탕으로 적합한 지원자를 선별한다. 지원자를 판단하는 가치척도로는 직무 역량, 열정, 성실성 등 굉장히 다양한데, 그중에서 가장 중요한 것은 어떤 어려운 일이 닥치더라도 대화의 가능성을 열어놓고 이를 극복하기 위해 노력하는 태도와 의지일 것이다. 회사의 입장에서는 이것만큼 매력적으로 다가오는 것도 없다.

지나치게 현실적으로 들릴지 모르겠으나, 설사 나중에 다른 회사에 붙어 곧바로 이직하더라도 면접장 안에서만큼은 순응적이면서도 자기 발전적인 태도를 '연출'해야 한다. 빠르게 이직을 하더라도 그건 면접자의 권리이자 자유다. 면접관조차 이를 염두에 두고 있을 것이다. 그렇다고 해서 면접장에서 그러한 기색을 내비칠 필요는 없다. 이것이 면접관과 자신에 대한 최소한의 예의다.

관건은
자기객관화

우선 성장 내러티브의 예시를 함께 살펴보자.

스티브랜드 모리스는 눈이 보이지 않았다. 대신 청각이 예민했다. 어느 날 모리스가 다니던 학교 교실에 쥐가 나타났다. 학생들은 소리를 지르며 의자 위로 올라갔고, 어느새 교실은 아수라장이 되었다. 그때 선생님이 말했다. "모리스, 넌 우리 중에서 가장 소리에 예민하잖아. 잘들어보고 쥐가 있는 곳을 알려줘." 이 말에 스티브랜드 모리스는 자신감을 얻게 되었다. 그는 생각했다. '나는 불우한 게 아니라 특별하다.' 이후 스티브랜드 모리스는 개명을 한다. 바뀐 그의 이름은 스티비 원

더. 전 세계가 아는 명곡 <Isn't She Lovely> <What A Wonderful World>를 부른 바로 그 스티비 원더다.

쥐로 어수선한 교실의 모습, 그리고 개명과 관련된 반전이 머릿속에 남아 흡입력 있게 들린다. 다음 예시를 살펴보자.

스테파니 제르마노타는 뉴욕대학교 학생으로 가수를 꿈꿨다. 그러나 그녀는 외모도, 실력도 평범해 보였다. 같은 과 학생들은 가수를 꿈꾸는 그녀를 비꼬며 조롱했다. 몇몇 짓궂은 친구들은 '스테파니 제르마노타, 너는 절대 유명해질 수 없어.'라는 페이스북 그룹까지 만들었다. 하지만 그녀는 굳은 마음으로 이를 무시하기로 했고, 자기 내면의 독창성과 예술성을 더욱 연마했다. 훗날 그녀는 레이디 가가로 불리게 된다.

몇 자 안 되는 글이지만 우리에게 큰 울림을 준다. 이야기 안에 이미지적 요소와 반전의 요소가 있기 때문이다. 즉 우리가 성장 내러티브에 담고자 하는 내용도 이처럼 구체적인 표현의 객체가 포함되어 있어야 한다. 면접장에서는 시간의 제약으로 인해 장황하게 말할 수 없는 상황이다. 따라서 성장 내러티브에는 단하나의 임팩트 있는 이미지를 담아야 한다.

성장 내러티브는 단순히 정보의 나열이 되어서는 안 된다. 강렬한 역접의 효과를 위해 반전의 요소가 포함되어야 한다. 그러기 위해서는 자신의 단점, 약점, 한계를 진솔하게 기입할 필요가 있다. 약점은 인간다움의 일부다. 또한 진솔함은 성숙한 의식의 표현이기도 하다.

작고 못생긴 얼굴로 인기가 없었던 애덤 스미스는 잘생겨 보이기 위해 글을 썼다고 말했고, 영화 〈재심〉의 실제 모델인 박준영 변호사는 의뢰가 안 들어와 먹고살기 위해 재심사건을 맡게 되었다고 농담처럼 밝혔다. '솔직함'이 약점으로 작용한다고 생각하는가? 성장 내러티브에서 반전의 요소를 극대화하기 위해서는 자신의 단점, 약점, 한계를 진솔하게 털어놓아야 한다. 자기객관화는 자기 자신에 대한 성숙한 의식을 증명한다. 그러니 진솔하게 시작해보자.

성장 내러티브의 핵심 키포인트

성장 내러티브의 핵심 키포인트는 다음과 같다.

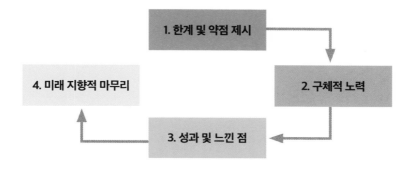

1. 한계 및 약점 제시

자신의 한계 및 약점을 진솔하고 재치 있게 표현한다. 그래야 뒤에서 반전의 요소를 더욱 극적으로 드러낼 수 있다.

2. 구체적 노력

한계 및 약점을 극복하기 위한 노력을 이미지화되어 그려지도록 표현한다.

3. 성과 및 느낀 점

어떤 상황에서도 교훈을 도출하는 유연한 태도와 성장 의지를 보여준다.

4. 미래 지향적 마무리

어떠한 인재로 성장하고 싶은지 포부를 밝힌다.

각 문항을 축약해 너무 장황해지지 않도록 유의해야 한다. 하나의 완결된 성장 내러티브에는 단점, 약점, 한계를 극복했던 경험, 좌절했던 경험 등 흥미로운 요소가 많이 담겨 있다. 그래서 특별한 경험을 묻는 다른 질문에도 응용해서 활용할 수 있다.

핵심 키포인트 활용 예시

Q 자신의 단점이나 한계를 극복한 사례가 있다면 이야기해보세요.

신입생 시절, 저의 별명은 '꼬마 논객'이었습니다. 자신만의 세계에 갇혀 선배들과 자주 논쟁을 일삼았기 때문입니다. 대학 토론대회에서 우승할 정도로 말재주와 논리력이 뛰어났지만, 주위 사람들이 저를 어려워하며 피하는 게 느껴졌습니다. 그러던 와중에 교양수업으로 상담심리학을 듣게 되었고, 조망수용에 관해 배우게 됩니다. 다른 사람의 시선으로 들어가 세상을 보는 공감 기법을 저에게 적용해 인간관계를 되돌아보게 되었습니다. 제가 달라지자 친구들은 그제야 저에게 다가오기 시작했고, 저의 삶은 여러 인연으로 더욱 윤택해졌습니다. 말재주로 사람들을 대하면 사람들에게 점점 미움을 받게 된다.『논어』에 나오는 말입니다. 화려한 수사는 없더라도 투박한 진심으로 사람을 대하는 화합할 수 있는 조직원으로 성장하겠습니다.

Q **본인이 추구하는 가치관이나 좌우명이 있다면 무엇입니까?**

1학년 때 교수님께서 저에게 지어주신 별명은 '불타는 청춘'입니다. 암기하는 건 곧잘 해서 성적은 상위권이었으나 발표에는 굉장히 약했습니다. 발표를 하기 위해 PPT만 띄우면 머리가 하얘지고, 민망함에 얼굴은 붉어졌죠. 발표를 망쳤지만 다행히 교수님께서 농담처럼 '불타는 청춘'이라며 웃어넘기셨고, 한 번의 기회를 더 주셨습니다. 이후 저는 저명한 명연사의 강연을 손수 타이핑해 암기하며 노하우를 흡수했습니다. 그 결과 구성원들의 박수를 받으며 'A+'로 수업을 마칠 수 있었습니다. 노력하면 안 될 게 없다는 사실을 뼛속 깊이 새기는 계기가 되었습니다. 바람이 불지 않을 때 바람개비를 돌리는 유일한 방법은 앞으로 달리는 것이다. 제 좌우명이기도 한 카네기의 말입니다. 안주하지 않겠습니다. 좌절하지 않겠습니다. 조금씩이라도 항상 전진하는 인재로 성장하겠습니다.

Q 본인이 추구하는 가치관이나 좌우명이 있다면 무엇입니까?

휴학을 하고 사회경험을 쌓기 위해 모 보험사의 콜센터 직원으로 아르바이트를 했습니다. 고객센터의 아웃바운드 텔레마케팅, 그러니까 고객에게 전화를 걸어서 자사의 보험상품을 추천하는 일이었는데요. 처음에는 입도 잘 떨어지지 않고, 몇몇 고객의 거친 언행에 상처를 받는 일이 잦았습니다. 그러다 오기가 생겼습니다. 함께 시작한 아르바이트생의 절반이 첫 주에 그만두는 상황이었는데, 저는 '딱 한 달만 더 해보자.'라고 다짐하며 견뎠습니다. 그렇게 6개월이 지났고 전화기 앞에서 손거울로 표정을 확인하며 웃는 얼굴로 전화를 받는 경지에 이르렀습니다. 그만둘 즈음에는 최우수 사원상을 받게 되었습니다. 그때 저는 가는 말이 고와야 오는 말이 곱다는 단순한 진리를 다시 한번 깨달았습니다. 지역 곳곳에 있는 은행의 문턱은 그 어떤 곳보다 낮아야 한다고 생각합니다. 고객들에게 항상 활짝 웃고 먼저 다가겠습니다. 누구보다 친절한 은행원이 되어 회사의 이미지를 제고하겠습니다.

세 번째 농축액:
역량 어필

역량 어필이란
무엇인가?

역량 어필이란 자신이 갖고 있는 역량을 회사의 현 상황에 대입시키는 논리를 만드는 것을 말한다. 우리는 이를 위해 다음의 두 가지를 정리할 필요가 있다. 첫 번째는 내가 가진 기술과 재능을, 두 번째는 회사가 현재 임직원에게 무엇을 요구하는지를 알아보는 것이다. 쉽게 말해 역량 어필이란 '나에게는 이러이러한 역량이 있는데 이 부분을 가장 잘 펼칠 수 있는 환경이 지금 내가 면접을 보고 있는 바로 이 회사라고 강조하는 것'이다. 구태여 억지로 특별한 지원 동기를 고안할 필요는 없다. 역량을 어필하는 스크립트가 완결성 있고 깔끔하다면 그것만으로도 면접관은 충분히 납득할 것이다.

여기서 중요한 것은 기업의 현 상황과 비전이다. 회사의 기본 정보와 추구하는 바를 모르면 임직원에게 어떠한 역량을 요구하는지 알 수 없다. 예를 들어 '혁신'을 강조하는 회사에서 '성실성'만을 어필하거나, '관계'를 강조하는 회사에서 남다른 '특질'만을 어필한다면 높은 점수를 얻기 힘들 것이다.

실제로 잡코리아의 조사에 따르면 면접관은 회사 정보에 빠삭한 지원자에게 호감을 느끼는 것으로 나타났다. 면접관으로 참여한 경험이 있는 인사담당자 249명을 조사한 결과, 면접장에서 호감을 얻는 지원자 1위는 '미리 회사 정보를 숙지하고 질문하는 지원자'였다. 인사담당자가 기업 정보 숙지 여부를 중요하게 생각하는 이유는 무엇일까? 기본적인 회사 정보를 알아야 기업의 비전을 알 수 있고, 필요한 핵심 역량과 자신의 경험을 연결 지어 자기소개에 담아낼 수 있기 때문이다.

기업의 비전은 취향, 성향, 기호가 제각기 다른 구성원들을 하나로 모으기 위한 구심점 역할을 한다. 일례로 삼성전자는 수준

호감 가는 지원자 유형 설문조사(복수응답)

1위	미리 회사 정보를 숙지하고 질문하는 지원자 34.9%	
2위	모든 질문에 최선을 다하는 지원자 32.9%	
3위	모르는 질문에는 솔직한 지원자 22.1%	
4위	면접 시간 전에 미리 도착하는 지원자 21.7%	
5위	다른 사람 답변도 경청하는 지원자 16.9%	

자료: 잡코리아

높은 인재와 기술을 바탕으로 최고의 제품과 서비스를 창출해 인류 사회에 공헌하는 것을 궁극적인 목표로 삼고 있다. 이러한 비전을 바탕으로 사람과 사회를 생각하는 글로벌 일류기업을 추구한다. 현대자동차는 최상의 이동성 구현을 위한 혁신기술을 개발하고 포괄적 서비스를 기반으로 새로운 공간을 창조하는 것을 비전으로 삼고 있다. 롯데그룹의 비전은 롯데 브랜드를 통해 고객에게 전 생애주기에 맞춰 최고의 가치를 선사하는 것이다.

그렇다면 수많은 기업의 비전 속에 숨어 있는 공통된 전제는 무엇일까? 바로 '성장'을 끊임없이 갈구한다는 것이다. 인류 사회에 공헌하고, 새로운 공간을 창조하고, 최고의 가치를 선사하면 어떻게 될까? 당연히 '성장'할 것이다. 기업의 비전이란 곧 성장의 방식을 의미한다. 영속적인 '성장'을 추구하는 것이 바로 기업의 숙명이고, 이는 곧 주주가치 실현으로 연결된다.

1997년 아마존은 첫 공개주주서한에서 "우리는 우리가 장기에 걸쳐 창출하는 주주가치가 성공의 근본 척도가 될 것이라고 생각합니다."라고 말했다. 1984년 코카콜라 역시 첫 공개주주서한에서 "우리의 주된 목표는 계속해서 주주의 자산가치를 극대화하는 것입니다."라고 말한 바 있다.

기업의 성장이란 단순히 재무제표상의 수치를 상승시키는 '양적' 성장만을 의미하지 않는다. 지속 가능한 수익 창출을 위해 환경을 보호하고, 사업 영역의 포트폴리오를 다변화하는 등 '질적' 성장을 포함한 광의의 개념이다. 결국 우리에게 필요한 건 자신이 기업이 설정해놓은 비전 내에서 회사의 '성장'에 기여할 수 있는 인재라는 것을 면접관에게 설득시키는 것이다.

기업의 다섯 가지
성장엔진

그렇다면 기업은 어떻게 성장하는가? 크게 다섯 가지로 구분할 수 있다.

취업을 뽀개는 면접 레볼루션

1. 글로벌 전략

2. 기획력

3. 디지털 전략

4. 영업 및 마케팅

5. 브랜딩

　가장 먼저 생각해볼 수 있는 것은 자신이 가진 제품을 전 세계로 퍼뜨리는 것, 즉 '글로벌 전략'이다. 1983년 삼성전자가 반도체사업을 시작할 때 미쓰비시 연구소는 〈삼성이 반도체사업에서 성공할 수 없는 이유〉라는 보고서를 발표했다. 그때까지만 해도 세계 반도체 시장은 미국과 일본이 양분하고 있었다. 이로부터 10년 뒤, 1993년 미국의 시장조사기관 데이터퀘스트는 '반도체 시장 분석 결과 D램 분야에서 삼성전자가 일본 도시바를 제치고 세계 1위가 되었다.'라고 발표했다. 도시바 반도체사업부는 결국 2020년 SK하이닉스에게 인수된다.

　삼성전자의 새로운 도전이 성공할 수 있었던 이유는 국내에 내수 시장이 형성되지 않은 상태에서 아예 처음부터 세계 시장을 공략했기 때문이다. 'K-기업'의 약진은 비단 삼성전자뿐만이 아니다. 풀무원은 10년 만에 두부상품으로 중국에서 흑자를 기록했고, CJ제일제당의 비비고는 미국 LA 레이커스와 스폰서십 계약을 맺었고, 네이버 제페토는 글로벌 이용자 수가 2억 명을 넘어섰다. 또 한국의 웹툰, 드라마, 영화 등 다양한 콘텐츠가 전 세계로 퍼져 나가고 있다. SM엔터테인먼트는 캘리포니아에 케이팝 교육기관을 설립했고, 2018년 크래프톤이 출시한 배틀그라운드는 그해 전 세계 유료게임 매출 1위를 기록했다. 이처럼 글로벌 전략은 내수 환경이 빈약한 국내 기업이 가진 숙명과도 같다.

두 번째는 '기획력'이다. 기업은 사업 영역을 확장하거나 신규 제품을 출시하는 방법으로 성장한다. 미국 S&P500 기업의 평균 수명은 1960년대에는 약 60년이었지만 오늘날에는 20년이 채 되지 않는다. 현대 사회를 변동성, 불확실성, 복잡성, 모호성의 뷰카(VUCA; Volatility, Uncertainty, Complexity, Ambiguity) 사회라고 부르는 이유다.

변화가 가속화되고 아이디어 실현에 필요한 비용이 급속도로 낮아지는 제4차 산업혁명 시대가 도래하면서, 창의적인 아이디어는 더더욱 중요한 동력이 되었다. 이러한 이유에서 아이디어를 일반 대중으로부터 조달하는 '오픈이노베이션'이 유행처럼 번졌다. 기업은 조직에 매몰되지 않는 신선한 사고를 필요로 한다. 그래서 '기획력'은 회사가 신입사원에게 가장 중요하게 요구하는 역량이기도 하다.

혁신은 사소한 아이디어로부터 시작된다. 나폴레옹 보나파르

취업을 뽀개는 면접 레볼루션

트는 1795년 식품의 저장 기간을 늘릴 방법을 찾아낸 사람에게 큰 보상을 하겠다고 선포했다. 내로라하는 과학자들이 실패를 거듭하는 가운데, 샴페인으로 유명한 샹파뉴 지방의 셰프였던 니콜라 아페르가 이 난제에 도전한다. 그는 두꺼운 샴페인 병에 식품을 밀봉한 다음 끓는 물에 몇 시간 두는 방법을 고안해냈고, 이것이 통조림의 시초가 되었다. 이 기술은 아이러니하게도 상대국인 영국으로 전파되어 워털루 전투에서 영국군의 식량 문제를 해결하는 데 큰 도움이 된다. 어쨌든 이 아이디어가 전투의 판도를 바꾼 건 분명한 사실이다.

2011년 동서식품은 '내 손 안에 작은 카페, 카누'라는 캐치프레이즈로 신제품을 성공적으로 출시했다. 젊은 층을 중심으로 원두커피가 대중화되는 것을 기민하게 파악하고 이에 부합하는 제품을 출시한 것이다. 원두커피를 인스턴트 제품으로 만들 수 있다는 관성에서 벗어난 사고가 이 제품의 탄생 비화다. 또 아모레퍼시픽은 '선크림은 꼭 튜브에 담아야 하는가?'라는 근본적인 의문을 제시했다. 그 결과 쿠션형 파운데이션 선크림을 성공적으로 출시해 전 세계 시장을 선도했다.

세 번째 성장엔진은 '디지털 전략'이다. 이는 오프라인 채널을 온라인화해 새로운 유통 경로를 만들거나, 자체 서비스를 플랫폼화해 하나의 생태계를 만들어 플랫폼 수수료를 주요 수익원에 더

하는 등 다양한 전략을 일컫는다. 기존의 디지털 트렌드에 부합하는 신사업을 진행하거나, 사물인터넷, 빅데이터 기술을 활용해 기존의 서비스를 질적으로 개선시키거나, 대내외적인 비즈니스 모델의 변화 없이 업무처리 자동화 기술(RPA; Robotic Process Automation)로 기존의 업무 효율을 증진시키는 등 다양한 전략을 활용할 수 있다.

예를 들어 이마트가 SSG닷컴에 대대적으로 투자해 오프라인 유통 채널 일부를 온라인 채널로 이동시킨 것이 대표적인 디지털 전략이다. 제4차 산업혁명 시대의 본질은 기존의 비즈니스 모델의 붕괴다. 오프라인 비즈니스의 대표 주자였던 월마트는 이러한 변화에 발맞춰 2009년 8월 자체 서비스인 월마트닷컴을 열었고, 슈바이, 무스조 등 패션쇼핑몰을 인수했다. 국내 홈쇼핑업계에도 큰 변화의 바람이 불었다. 기존의 비즈니스 모델은 값비싼 송출 수수료를 내고 TV를 통해 제품을 판매하고 수수료를 수취하는 것이었는데, 현재는 이에 더해 라이브 커머스 신사업을 통해 막대한 추가 수익을 벌어들이고 있다.

마켓컬리에는 이름부터 재미있는 조직이 하나 있다. 바로 '데이터 농장팀'이다. 데이터 농장팀의 애널리스트들은 스스로를 '데이터 농부'라고 부른다. 이들은 데이터를 분석, 가공, 관리해 다음 날 들어올 주문량을 미리 예측한다. 네이버쇼핑은 이용자 개인

취업을 뽀개는 면접 레볼루션

의 행동데이터를 기반으로 관심사나 취향을 분석해 상품을 추천하는 AI시스템을 자체적으로 운영하고 있다. 이를 통해 사용자의 검색 이력, 구매 패턴, 상품 정보를 종합적으로 분석해 가장 적합한 상품을 추천해준다.

쿠팡의 AI시스템은 물류센터 내 상품 진열은 물론이고, 이것을 직원이 어떻게 가져와야 하는지, 심지어는 배송 차량의 몇 번째 칸에 어떤 상품을 실어야 하는지까지 지정해준다. 이는 배달 동선에도 적용되는데 배송하는 주소지를 바탕으로 어떤 순서로 방문하면 최단 시간에 배달할 수 있는지 알려준다. BTS의 기획사 하이브는 자체 플랫폼 '위버스'를 출시했다. 팬과 스타를 직접 연결시켜주는 이 혁신적인 포맷의 팬덤 플랫폼은 새로운 수익원으로 자리매김했다.

1784년 방직기가 발명되어 동력 생산 혁신이 일어났고, 1870년 컨베이어 벨트가 도입되면서 생산 공정의 효율화가 가속화되었다. 1969년 미국에서 최초로 공장자동화용 소형컴퓨터가 등장한 이래 우리는 데이터가 곧 권력이 되는 정보화 시대로 접어들었다. 인텔의 창업자는 반도체에 저장할 수 있는 데이터의 양이 24개월마다 2배씩 증가한다는 '무어의 법칙'을 주장한 바 있다. 이는 기하급수적으로 빨라지고 있는 기술 개발 속도에 대한 제언이라고 할 수 있다.

막대한 데이터를 활용할 수 있는 하드웨어 성능이 비약적으로 향상되면서 우리는 못 쓰던 데이터까지 모조리 흡수해 사용할 수 있게 되었다. 데이터를 소화시킬 수 있는 위와 장이 커졌으니 숙명인 '성장'을 위해 국내외 기업들은 어떤 노력을 기울였을까? 기업들은 데이터를 양산하는 플랫폼과 사물인터넷 기술을 발전시켰다. 플랫폼이 기존의 웹과 다른 점은 이용자가 플랫폼 생태계 안에서 활동함으로써 스스로 데이터를 생성한다는 데 있다. 공급자가 소비자에게 일방적으로 데이터를 주입시키는 웹의 기본적 형태와 근본적인 차이를 보인다.

기업은 플랫폼산업이 성숙해지고 그래픽 메모리 기술이 급속도로 발전하자, 한 발짝 더 나아가 플랫폼 경제를 단순한 텍스트의 형태가 아닌 현실과 최대한 비슷하게 디자인해보자는 생각을 하게 되었다. 플랫폼의 매력을 극대화하기 위해 기업은 플랫폼 안에서 현실과 같이 대화하듯 소통하고, 산책하고, 물건을 구매하고 싶다는 사람들의 이상적인 욕구를 현실화했다. 이것이 바로 1992년 미국의 SF작가 닐 스티븐슨의 소설 『스노 크래시』에서 처음 등장한 '메타버스'라는 개념이다. 메타버스는 가상, 초월을 뜻하는 단어 메타(Meta)와 우주를 뜻하는 유니버스(Universe)가 결합된 단어다. 실제로 사람들은 메타버스의 세계에서 상거래, 콘퍼런스, 회의 등을 진행하고 있다.

취업을 뽀개는 면접 레볼루션

최근에는 냉장고, 에어컨, 세탁기에 인터넷을 연결해 각 기기를 활용하는 이용자의 데이터를 모으는 경지에 이르렀다. 이것이 흔히 'IOT(Internet Of Things)'라고 부르는 사물인터넷 기술이다. 예를 들어 애플워치는 심전도, 고혈압, 심박 변이도 등의 생체 데이터를 수집하고 이를 활용한다. 삼성전자는 2019년 매월 5억 개가 넘는 요리 레시피가 공유되는 영국의 푸드테크 스타트업 위스크를 인수했다. 삼성전자는 이 방대한 레시피 데이터를 활용해 스마트싱스 쿠킹 서비스를 출시했고, 그 결과 가전제품의 경쟁력을 제고했다. 스마트싱스 쿠킹 서비스는 이용자의 식습관을 분석해 맞춤형 식단과 레시피를 제공하고, 레시피에 맞는 식재료를 인공지능이 알아서 찾아 주문하기도 한다. 이 외에도 스마트싱스 펫 서비스는 전선, 양말, 배설물까지 인식하는 AI 로봇청소기 제품과 연동해 실시간으로 반려동물의 상태를 확인해 반려동물을 위해 음악 콘텐츠를 재생하거나, 실내 에어컨과 공기청정기를 원격 제어하기도 한다.

그리고 이러한 무궁무진한 데이터를 '활용'의 차원으로 끌어올린 기술이 바로 '빅데이터'다. 기업들은 양적으로 기하급수적으로 팽창하는 데이터를 효율적으로 보관하기 위해 거대한 데이터 센터를 만들고, 데이터를 인터넷 속 공간에 보관해 용이하게 공유하고 이용하는 클라우드 기술을 발전시켰다. 바다와 같은 무궁

무진한 공간에서 수집한 데이터를 근로자와 소비자를 위해 데이터 사이의 맥락, 패턴을 발굴하고 해석하는 기술이 바로 빅데이터다.

자, 이제 플랫폼과 사물인터넷을 통해 데이터를 수집하고 빅데이터 기술을 통해 그 정보를 효과적으로 활용할 수 있게 되었다. 마지막으로 데이터를 활용하는 '판단'의 영역이 남았다. 기업들은 이 판단의 영역을 컴퓨터에게 일임한다. 단순히 이용자의 의도 아래 기계적으로 데이터를 처리하는 데 그치지 않고 컴퓨터가 데이터를 학습해 의사결정을 하게 만드는 기술, 즉 '인공지능(AI; Artificial Intelligence)'이 탄생한 배경이다.

정리하면 하드웨어 기술의 발달에 따라 데이터의 활용 범위가 기하급수적으로 증가했고, 정보를 소화하는 능력이 커지자 이용자가 곧 데이터 제공자가 되는 플랫폼 경제와 각종 사물을 인터넷에 연결해 데이터를 수취하는 사물인터넷 기술이 발전했다. 더불어 그래픽 디자인 기술이 발전하면서 이러한 플랫폼 경제를 가상의 공간에 구축하자는 아이디어가 생겨났고, 이러한 아이디어는 메타버스의 발현으로 이어졌다. 이후 무수한 데이터들 사이에서 특정한 패턴을 발견해 이용자의 업무 효율을 증가시키는 빅데이터 기술이 등장했고, 판단의 영역을 컴퓨터에 맡기는 인공지능 기술이 발전했다.

디지털 역량은 꼭 기술적인 부분이 아니어도 좋다. 디지털 기술 전반에 대한 뚜렷한 인사이트만으로도 디지털 역량을 증명할 수 있다. 디지털 기술이 어떤 식으로 발전했는지 흐름 전반을 파악하고, 이와 관련해 자신이 쌓은 역량이 있다면 자기소개에 반드시 담아야 한다.

결과적으로 기업은 여러 전략을 통해 완결된 서비스와 제품을 만들어냈다. 이제 이런 상품을 최대한 많은 소비자에게 닿게 해야 기업은 성장할 것이다. 어떻게 하면 더 많은 소비자에게 서비스와 제품을 소개할 수 있을까? 이를 고민하는 것이 네 번째, 영업 및 마케팅이다. 옛날에 태평양이라고 불린 화장품기업 아모레퍼시픽은 방문판매 외판원을 최초로 도입해 사세를 확장했다. 또 과거에 한국야쿠르트라고 불린 에치와이 역시 소위 '야쿠르트 아줌마'라고 불리는 외판원을 통해 국민의 장 건강을 책임졌다.

기업이 아무리 좋은 서비스, 좋은 제품을 만들어내도 결국 이를 소비자에게 홍보하고 노출해야 의미(매출)가 생긴다. '내가 그의 이름을 불러주기 전에는 그는 다만 하나의 몸짓에 지나지 않았다.'라는 김춘수의 시 〈꽃〉이 생각난다.

미국 오리건주 포틀랜드의 움푸쿠아 은행은 '휴먼터치' 감성을 강조하며 전 직원을 대상으로 바리스타 교육을 의무화했다. 그들은 '슬로우 뱅킹'을 표방하며 점포에서 영화를 상영하기도

하고 심지어는 요가스쿨까지 운영한다. 점포에 많은 고객이 머무르게 하려는 전략적 선택이다. 최근 '고통받는 편의점 아르바이트생'이라는 단어가 밈처럼 번졌다. 편의점이 자사의 물품 판매를 촉진시키기 위해 택배 서비스를 제공하고, 원두커피를 직접 내리고, 휴대폰을 충전해주고, 세무서 창구의 역할을 하고, 여행 상품을 판매하는 등 업무 영역을 다각화했기 때문이다. GS칼텍스는 어떠한가? 주유소 안에 카페, 정비장, 세차장은 물론, 공유모빌리티를 대여할 수 있는 기능과 물류센터 기능까지 추가했다. 고객과의 접점을 최대한 많이 만들기 위한 기업들의 노력이다.

이러한 대면적 요소 외에도 광고의 제작과 유포에 대해 고민, 즉 비대면 마케팅 기획도 마케팅 전략에 종속된다. 거의 대다수의 소비재기업은 자신만의 SNS를 운영한다. 빙그레는 빙그레우스라는 B급 감성의 캐릭터를 제작해 그들의 상품을 광고했고, 이는 폭발적인 조회수로 이어졌다. 그래서 패션 블로그를 3년간 운영했다거나, 학교 커뮤니티 운영진으로 활동하며 웹페이지 제작 실무를 배웠다거나, 홍보대행사 인턴으로 근무하며 블로그 및 SNS 타깃 마케팅을 진행한 경험이 있다면 모두 다 마케팅 역량에 포함된다. 또한 은행과 보험사 등 일차원적인 영업관리 직군의 경우 자신의 대화 능력과 커뮤니케이션 능력으로 마케팅 역량을 드러낼 수 있다.

취업을 뽀개는 면접 레볼루션

다섯 번째는 브랜딩이다. 1973년 설립된 의류기업 파타고니아는 사업의 목적으로 이윤이 아닌 지구를 살리기 위한 의지를 표방했다. 실제로 파타고니아는 환경 보호를 위해 모든 면제품을 유기농 목화로 만들고, 매출의 상당 부분을 환경보호단체를 돕는 데 사용한다. 최근에는 어떤 의류 제품이든 무상으로 수선해주는 원웨어 프로그램을 만들었다. 물론 파타고니아가 '성장'이라는 숙명의 굴레를 벗어난 것은 아니다. 다만 특이하게도, 아니 세계에서 거의 유일하게 양적 성장보다 환경 보호를 추구해 큰 호응을 얻었다. 영속 가능한 수익 창출 등의 질적 성장에 비중을 두지 않고, 환경 보호를 통한 영속적인 사업 모델의 구축과 그 지속적인 '성장'에 주안점을 둔 것이다.

세계적인 커피체인 브랜드 스타벅스에는 음료 도착을 알리는 진동벨이 없다. 커피를 파는 것이 아닌 공간과 문화, 경험을 판다는 그들의 브랜드 철학 때문이다. 진동벨 대신 고객의 닉네임을 부르는 '콜 마이 네임' 서비스에는 고객과 직접 눈을 마주치며 응대하겠다는 그들만의 고집이 담겨 있다. 또한 스타벅스는 에스프레소 머신에서 에스프레소가 나올 때까지의 과정을 고객이 볼 수 있게 노출하고, 그 과정에서 바리스타와 교감을 나눌 수 있게 한다는 콘셉트를 고수하고자 노력한다.

브랜딩을 위한 기업의 노력은 영업 및 마케팅 전략과 별반 다를 것 없는 것처럼 보이기도 한다. 그러나 이 두 가지에는 큰 차이점이 있다. 브랜딩 역량은 단일 '서비스와 제품'이 고객에게 도달하는 과정에 대해 고민하는 것이 아닌, '기업'이라는 그 유기체 자체가 고객에게 전달되는 과정에 대해 고민하는 것을 말한다. 기업이 무수히 내놓는 서비스가 아니라, 기업이 소비자에게 어떻게 인식되느냐가 그 주안점이다.

최근 ESG(기업의 사회·환경적 활동까지 고려해 성과를 측정하는 지표) 트렌드가 기업 생태계를 주도하고 있다. 재무적인 요소도 중요하지만 비재무적인 요소, 즉 사회·환경적 활동을 좀 더 생각하자는 것이다. 사업 형태의 지속 가능성을 중요하게 고려해야 한다는 학계의 자각에서 비롯되었다.

세계적인 에너지기업으로 한때 전 세계 시가총액 1위를 기록하기도 했던 미국의 엑슨 모빌은 온실가스 감축에 의도적으로 참여하지 않은 것이 밝혀지면서 투자자들로부터 외면당했다. 80달러대였던 주가가 30달러대로 떨어지는 것도 모자라 92년 만에 다우지수 산업평균지수에서 퇴출당하는 수모를 겪어야 했다. 대조적으로 덴마크의 국영 석유기업 동에너지는 화석원료 위주의 석유사업 부문을 매각하고 사명도 오스테드로 바꿔 친환경 해상 풍력발전에 집중하는 기업으로 거듭났다.

최근 환경에 대한 관심이 높아지면서 비건레더를 걸치고, 대

취업을 뽀개는 면접 레볼루션

체육을 먹고, 리유저블 컵을 사용하는 소비자가 늘고 있다. 기업은 친환경적인 경영으로 사회적 책무를 소홀히 하지 않는 인상을 남겨 소비자들의 호감을 이끌어내고 있다. 국내 대기업 그룹 모두는 해마다 〈지속가능경영보고서〉를 시장에 제출한다. 환경과 사회적 가치를 실현하기 위한 그들의 노력을 어필하기 위해서다. 이 보고서에는 기업의 사회적 활동인 CSR에 관한 내용도 꼭 첨가된다. 카카오는 트렌드에 발맞춰 〈지속가능경영보고서〉와 함께 디지털 접근성 책임자를 선임해 저시력자, 청각장애인도 카카오톡을 쉽게 이용할 수 있도록 조치하고 있다.

ESG 트렌드를 좇는 기업의 노력의 본질은 이미지 개선에 있다. 단일 제품이 아닌 기업 자체의 이미지가 개선되면 혹은 더 나아가 팬덤문화가 구축되면 적은 마케팅 비용으로 최대 효율을 낳을 수 있다. 이렇듯 기업 이미지를 개선하는 부분에 대한 인사이트나 실무적 역량을 브랜딩 역량이라고 부른다. "저한테는 해당 사항이 없는데요?"라고 묻는 독자도 있을 것이다. 막연함과 막막함이 머리 위를 스칠 수도 있다. 그렇다면 브랜딩의 취지와 부합한 봉사활동 경험, 환경보호 경험을 재조명해보는 것을 적극 추천한다. 꼭 거창한 것이 아니더라도 조깅을 하면서 쓰레기를 줍는 '플로깅' 경험도 괜찮다. 이러한 경험을 서술할 때 염두에 둬야 할 것은 단순히 관련 경험을 서술하는 데 그치지 않고 그 안에 기

업의 성장을 보조할 수 있는 인사이트가 꼭 들어가야 한다는 것
이다.

결론적으로 기업은 앞서 소개한 다섯 가지 축을 엔진으로 삼
아 성장한다. 기업은 다섯 가지 성장엔진을 기준으로 자사의 성
장을 위해 인력을 뽑는 것이다. 따라서 '당신이 추구하는 다섯 가
지 엔진 중 이런 부분을 내가 갖췄으니 나를 뽑으면 회사가 성장
할 것이다.' 하는 식의 삼단논법을 제시하는 것이 바로 '역량 어
필'의 역할이다. 면접장에 들어가기에 앞서 기업이 어떤 방식과
사업적 선택으로 성장엔진을 굴리려 하는지 대략적인 정보를 검
색해야 하는 이유다. 이에 대한 고민이 선행되지 않으면 제대로
역량을 어필할 수 없다. 기업 정보를 바탕으로 기업이 성장을 위
해 필요로 하는 게 무엇인지 파악하면, 이에 맞춰 어떻게 내 자신
의 역량을 표현해야 하는지 윤곽이 그려지게 된다.

자신의 역량을
성장엔진에 매칭하라

글로벌 전략, 기획력, 디지털 전략, 영업 및 마케팅, 브랜딩 다
섯 가지를 다시 한번 점검해보자. 이 다섯 가지 요소 중 한 가지

만 제대로 자신의 역량과 매칭하면 된다. 과거의 경험을 반추해 보자. 우리의 지난 시간은 예각의 빛나는 크리스탈과 같다. 본인을 향한 애정 어린 시각만 있다면 예각들 중 빛나는 부분이 무엇인지 발견할 수 있을 것이다. 『세종실록』에는 이런 구절이 있다.

> 그대의 자질은 아름답다. 그런 자질을 가지고 아무것도 하지 않겠다 해도 내 뭐라 할 수 없지만 그대가 만약 온 마음과 힘을 다해 노력한다면 무슨 일인들 해내지 못하겠는가.

물론 면접을 준비하는 과정은 고통을 수반한다. 하지만 자기 자신에 대해 잠시 멈춰 숙고하는 것, 그것만으로도 면접은 가치 있는 경험이 될 것이다. 과거의 유의미한 경험을 토대로 완결된 문장을 만들어보자. 파타고니아가 그랬던 것처럼 스크립트 안에 진정성을 담는다면 훌륭한 셀프 브랜딩 요소가 될 것이다. 만일 작문에 익숙하지 않다면 이 책의 예시 자료를 샘플로 활용해도 좋다.

자, 그럼에도 도통 연관 지을 역량이 떠오르지 않는 사람을 위해 다음과 같이 가이드라인을 제시한다. 역량 어필 문구를 작성하기에 앞서 기업의 전략적 방향성을 살펴야 한다. 이를 위한 정보의 재원은 다음과 같다.

1. 뉴스 기사

2. DART 내 사업보고서

3. 상장사의 경우 애널리스트 리포트

4. 기업의 웹사이트

이 순서대로 기업에 대한 정보를 수집해보자. 그러면 현대차가 도심 항공 모빌리티 분야에 주력한다거나, 신한은행이 인니 지역에 점포를 확장하고 있다거나, 네이버의 '라인'이 증권 및 결제 애플리케이션의 해외 진출에 사활을 걸고 있다는 등의 정보를 얻을 수 있을 것이다. 이러한 정보 채집을 통해 이야기의 전개 방향에 대한 윤곽을 잡을 수 있다. 그다음 자기 분석을 진행하는 것이 좋다.

먼저 첫 번째, 글로벌 전략 역량을 강조하고 싶다면 어떻게 성장 내러티브를 구성해야 할까? 먼저 자신의 언어적 재능의 관점에서 살펴보자. 사실 이 부분은 영어로 콘퍼런스콜이나 동시통역이 가능하다거나, 제3세계 언어를 자유자재로 구사할 수 있는 정도가 아니라면 큰 차별화 요소가 되기 힘들다. 이에 대한 자세한 구술은 추천하지 않는다(물론 외국어 역량이 뛰어나다면 자신의 언어적 역량을 구체적으로 서술해도 좋다). 이보다 중요한 건 글로벌 '경험'이다. 아마존에서 셀러로 해외에 상품을 판 경험, 교환학생 시절 인종차별 방지 캠페인에 참여한 경험, 대규모 벼룩시장을 직접 개최한 경험 등 해외 지역사회에 파급을 미친 이야기가 이에 속한다.

두 번째는 기획력이다. 나는 창의적인 생각을 갖고 살아왔고 이를 행동으로 옮겨 현실화시킨 경험이 있다는 내용이 담겨야 한다. 발상을 전환해 직접적으로 신제품, 신사업 아이디어를 면접장에서 이야기해 자신의 생각을 '현실화'시키려는 패기 있는 방법도 포함한다. 예를 들어 "저는 독립 일러스트레이터의 작품을 고원사 프린팅한 '아트신'이라는 브랜드 론칭을 생각해봤습니다." "저는 카카오의 트래픽을 활용한 인디 아티스트 후원 플랫폼을 만드는 방안에 대해 생각해봤습니다." 등이 있다.

일반적으로는 기획력에는 코스메틱 동호회 회원으로 활동한 열성 소비자로서의 경험, 자신만이 갖고 있는 구체적인 소비자 인사이트, 패션 잡지 혹은 SNS 매체에 필진으로 활동하며 글을 기고했던 경험, 이모티콘을 개발해 직접 판매해본 경험, 라이브 커머스로 물건을 판매해본 경험, 블로그를 운영했던 경험 등이 해당한다.

세 번째는 디지털 전략이다. 여기서 말하는 디지털 역량이 곧 코딩 능력인 것은 아니다. 일반 직군에 지원하면서 SPSS, 구글 애널리틱스, 한국데이터거래소 등과 같은 데이터 분석 툴을 잘 활용하거나, 파이썬 등의 프로그래밍 언어를 다룰 줄 안다면 그것만큼 파괴적인 무기도 없다. 본인이 이에 속한다면 더 고민할 것도 없이 이 부분을 문장으로 풀어보자. 그러나 이러한 능력이 부족하다면 코딩 외에 디지털 플랫폼 생태계 내에서 경험한 유의미한 활동을 강조하는 것이 좋다. 인플루언서가 된 과정과 성과, 유튜브 제작 및 흥행 경험, 숨고 등 재능공유 사이트에서 재능강사로 일하며 성과를 얻은 경험 등이 이에 속한다. 꼭 거창할 필요는 없다. 일례로 쿠팡에서 아르바이트를 하며 고도화된 AI시스템을 체험했다면 이 또한 신선한 소재가 될 수 있다. 경험적 측면 외에도 〈블로터〉〈아웃스탠딩〉 등 IT 관련 매체를 구독하며 체득한 디지털사업에 대한 뚜렷한 인사이트 또한 좋은 재료가 될 수 있다. 디지털 역량과 관련된 다양한 경험을 완결된 문장으로 잘 풀어내기만 하면 된다.

정리하면 플랫폼 생태계 안에서의 가치 창출 경험, 애플리케이션 기획 등 IT 프로젝트에 참여한 경험, 디지털 트렌드에 대한 인사이트 등 자신의 경험을 디지털 역량과 연관 지을 필요가 있다.

네 번째는 영업 및 마케팅이다. 영업 및 마케팅은 서비스와 제품을 소비자에게 닿기 용이하게 만드는 사고력을 뜻한다. 마찬가지로 영업 및 마케팅 또한 마케팅 방법론에 관한 원론적 지식만을 말하지 않는다. 광고는 비주얼로 완성되기에 홍보 활동에 활

취업을 뽀개는 면접 레볼루션

용할 수 있는 비주얼 구현 능력(영상 제작, 일러스트 제작, 영상 편집, 방송 연출 등)이 있다면 이 또한 요긴한 자질로 어필할 수 있다. 예를 들어 "저는 프리미어 프로를 활용해 유튜브 영상 편집 파트타이머로 일한 적이 있습니다." "독립영화 제작 스태프로 활동하며 영상 제작 및 편집 실무에 대해 배울 수 있었습니다." "교내 힙합 동아리에서 뮤직 비디오 제작에 참여했고, 유튜브 조회수 10만을 넘을 정도로 좋은 반응을 얻었습니다." 등이 있다.

또 누구도 생각하지 못했던 마케팅 아이디어를 제시하거나, 마케팅 리서치 역량을 드러낼 수 있는 홍보 대행사 인턴 경험 등도 훌륭한 방편이 될 수 있다. 애석하게 해당사항이 없다면 동아리를 이끌며 수행한 리더십이나 커뮤니케이션 능력을 마케팅 역량과 연결 지을 수도 있다. 영업 및 마케팅 요소를 통해 자연스럽게 브랜딩 역량도 어필할 수 있다.

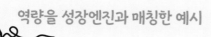

역량을 성장엔진과 매칭한 예시

Q 포부가 궁금합니다.

저는 케이팝에 대한 애정을 품고 있었고, 그 리듬이 한국을 넘어 세계로 퍼지는 현상에 대해 지금도 경이로운 감정을 갖고 있습니다. 그러한 동경이 저의 전공인 경영학과 결합되어 아마존에서 케이팝 굿즈를 파는 시도로 이어졌습니다. 한국이 가진 역동적인 에너지가 더 많은 푸른 눈의 외국인에게 전파되는 일에 저도 기여하고 싶었습니다. 처음에는 한국에서 판매되는 아이돌 응원봉을 도매로 사들여 아마존에 올렸습니다. 운이 좋게도 큰 반응을 얻었고, 해외 영문 팬페이지에 저의 상품을 소개하는 글이 올라오기도 했습니다. 그 과정에서 한국을 세계와 연결시키는 감각을 키울 수 있었습니다. 한국의 역동적인 에너지와 상품의 경쟁력은 비단 케이팝에만 국한되지 않는다고 생각합니다. 삼립그룹이 외국 브랜드인 쉐이크쉑, 에그슬럿을 국내에 들여와 큰 성공을 거둔 것처럼, 반대로 국내 제빵 브랜드 역시 해외에 진출할 만큼 경쟁력 있다고 생각합니다. 저는 제가 가진 경험과 역량을 바탕으로 삼립그룹이 'K-제빵'을 선도하는 기업으로 성장하는 데 이바지하겠습니다.

Q 우리 회사의 인재상과 본인이 부합된다고 생각하나요?

LF라는 회사의 최대 강점은 퍼블리싱 역량이라고 생각합니다. 저는 다양한 브랜드와 상품을 A부터 Z까지 직

취업을 뽀개는 면접 레볼루션

접 설계할 수 있는 기획력 있는 인재입니다. LF에 입사한다면 글로벌 퍼블리싱 역량을 강화하는 데 보탬이 되고 싶습니다. 학창 시절 우연히 중국인 교환학생이 헤지스 옷을 입는 것을 보고 LF의 브랜드가 중국에서 얼마나 큰 위상을 갖고 있는지 알게 되었습니다. 특히 사내 벤처에서 시작한 스트릿 캐주얼 브랜드 던스트가 해외 편집숍에서 소개되는 것을 보고 장르를 넘나드는 LF의 마케팅 역량을 읽을 수 있었습니다. 저는 미술관 로비에서 오랜 기간 아르바이트하며 사람들의 세대를 넘나드는 아트에 대한 열망을 읽을 수 있었습니다. 브랜드가 추구하는 방향성은 무한한 양태로 표현되지만, 결국 한 가지 공통점은 브랜드 각자의 이상향을 추구한다는 데 있다고 생각합니다. 저는 '아트'가 이를 위한 하나의 이상향으로 자리매김할 것임을 현장의 열기를 통해 직감할 수 있었습니다. '아트신'은 제가 생각한 새로운 브랜드 네이밍입니다. 시장 조사 결과, 예술에 대한 열망을 표현할 수 있는 패션 브랜드가 부재한 상황이라고 파악했습니다. 결국 옷은 자신을 표현하기 위한 수단이고, 패션은 자기가 표현하고자 하는 것을 몸에 가까이 두는 것이라고 생각합니다. 세계의 다양한 아트페어에 소개된 신진 아티스트들의 작품을 발굴한 뒤, 이를 시즌별로

고해상도 프린팅의 형태로 도입한 캐주얼 브랜드를 선
보이고 싶습니다.

Q 해당 직무와 전공이 맞지 않은데 왜 지원을 했나요?

저는 사회학 전공자이지만 손에 잡히지 않는 거시적인
세계만 텍스트로 들여다보는 일에 한계를 느꼈습니다.
그래서 작은 사회라도 그 안에 들어가 의미 있는 역할
을 해보자는 다짐을 하게 되었습니다. 당시 저는 일러스
트를 공부하고 있었고, 엉뚱하게도 이모티콘을 직접 제
작하기 시작했습니다. 이렇게 제작된 이모티콘은 플랫폼
마켓을 통해 판매되었고, 대학생 입장에서 적지 않은 수
익을 거둘 수 있었습니다. 광고든 제품이든 사람의 마음
을 빼앗는 아름다운 비주얼로 표현되는 것이 관건이라고
생각합니다. 심지어는 귀로 듣는 음악도 앨범 재킷과 뮤
직비디오의 형태로 영상화됩니다. 저는 제가 원하는 바
를 아름답게 표현할 수 있는 비주얼 구현 능력이 있고,
동시에 디지털 사회의 자극과 피드백 고리에 적극적으로
참여해왔습니다. 제가 가진 사고의 둘레가 거시적인 동
시에 미시적이란 것이 저의 장점이라고 생각합니다. 이
런 장점을 토대로 회사의 입장과 창작자의 입장을 동시
에 이해하는 유능한 커뮤니케이터로 성장하겠습니다.

취업을 뽀개는 면접 레볼루션

네 번째 농축액:
비즈니스의 현재상

기업 리서치가
중요한 이유

연인 간의 데이트가 잡혔다. 상대가 뭘 좋아하는지 기민하게
파악하고 섬세하게 동선을 짰다면 연인은 말은 안 해도 '나한테
신경을 많이 쓰는구나.' 하고 느낄 것이다. 이처럼 '조사'가 상대
에 대한 애정도를 판가름하는 기준이 되기도 한다. 기업도 마찬
가지다. 지원한 기업의 현황에 대해 완결성 있는 답변을 할 수 있

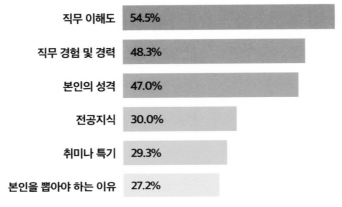

면접에서 자주 받은 질문 설문조사(복수응답)

직무 이해도	54.5%
직무 경험 및 경력	48.3%
본인의 성격	47.0%
전공지식	30.0%
취미나 특기	29.3%
본인을 뽑아야 하는 이유	27.2%

자료: 잡코리아

다면 그 자체로 자신의 성실성을 드러낼 수 있다.

잡코리아가 취업준비생 및 직장인 2,138명을 대상으로 설문 조사를 한 결과, 면접에서 받은 질문 유형 중 직무 이해도를 꼽은 응답이 전체 54.5%로 가장 많았다. 그다음으로 직무 경험 및 경력(48.3%), 본인의 성격(47.0%), 전공지식(30.0%), 취미나 특기(29.3%), 본인을 뽑아야 하는 이유(27.2%)가 뒤를 이었다.

신입사원 채용 면접에서 직무 이해도에 대한 질문이 가장 많은 이유는 지원자가 회사와 직무에 대해 얼마나 '리서치'를 하고 '분석'했는지 파악하기 위해서다. 당연히 비즈니스의 현재상을 잘 서술하기 위해서는 정밀한 리서치가 선행되어야 한다. 그럼 어떤 방식으로 리서치를 시작하는 게 좋을까? 앞서 잠깐 소개했던 정보의 재원을 다시 한번 살펴보자.

1. 뉴스 기사
2. DART 내 사업보고서
3. 상장사의 경우 애널리스트 리포트
4. 기업의 웹사이트

먼저 '뉴스 기사'를 통해 우리가 핵심적으로 살펴봐야 할 내용은 근 1년 이내의 사업 전략이다. 네이버 검색창에 기업명을 입력하면 최신순으로 나열되기에 잡다한 정보가 쏟아질 것이다. 우리가 필요한 건 사업 트렌드이므로 〈매일경제〉〈한국경제〉〈아시아경제〉〈더벨〉 등 기업 정보가 상세히 나와 있는 신문사 웹사이트에서 정보를 채집할 필요가 있다. 좋은 기사는 따로 스크랩해 한눈에 보기 좋게 정리하는 방법을 권한다.

'DART 내 사업보고서'에서 'DART'는 금융감독원에서 운영하는 기업 정보 전자공시시스템을 일컫는다. 코스피 시장이나 코스닥 시장에 상장된 주식회사부터 비상장 주식회사에 이르기까지 다양한 기업의 경영 상태에 대한 공시를 모아 놓은 곳이다. 주주들을 위한 사이트인 만큼 기업의 현황과 관련된 가장 밀도 있는 정보를 내밀하게 담고 있다. 그럼에도 그 가치를 몰라 DART를 활용하지 못하는 지원자가 많다. 공시 정보에는 재무제표와 관련된 내용이 주를 이뤄 무엇이 필요한 정보인지 캐치하기 쉽지 않기 때문이다.

DART에서 우리에게 필요한 정보는 딱 두 가지다. 홈페이지에 들어가면 '정기공시 항목별 검색'이 나온다. 그곳에서 다른 정보는 무시하고 '회사의 개요'와 '사업의 내용'만 체크하면 된다. 예를 들어 지원하는 회사가 네이버라면 이곳에 '네이버'를 입력하면 된다. 이를 통해 면접에 쓸 만한 유용한 문장을 채집할 수 있다.

단언컨대 DART는 회사의 사업을 한눈에 파악하는 데 필요한 정보를 가장 깔끔하고 밀도 있게 제공하는 정보의 창구다. 뉴스를 통해서 기업의 현황에 대한 개괄적인 감을 잡았다면 DART 내 사업보고서로 회사의 이미지를 구체화하기 바란다. DART의 내용은 편집을 해 출력을 해놓고 중요한 부분에 밑줄을 그어 내재화하는 것이 좋다. 이 내용만 머릿속에 잘 숙지하면 다른 지원자들보다 우위에 설 수 있다. 모든 내용을 파악하는 데 채 몇 시간이 걸리지 않으니 부담 갖지 말고 틈틈이 살펴보자. 면접까지 시간이 많이 남지 않았다면 뉴스와 DART만 살펴보는 것도 한 방법이다.

DART 웹사이트 화면. 정기공시 항목별 검색에서 필요한 정보를 검색할 수 있다.

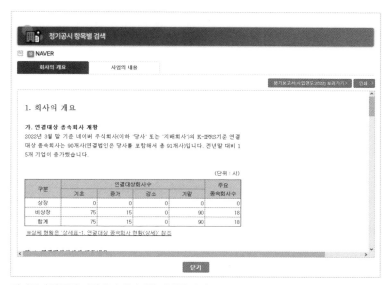

정기공시 항목별 검색에서 네이버를 검색한 화면

그리고 세 번째 '애널리스트 리포트'는 높은 확률로 비장의 무기가 될 것이다. 증권사는 기업과 개인에게 주식의 매수·매도를 중개해 수익을 창출한다. 따라서 고객들의 투자 판단을 돕기 위해 일명 '리서치센터'를 통해 기업에 관한 정보를 외부에 공표하는데, 이것이 애널리스트(분석가)가 발표하는 리포트다.

다시 말해 직업적으로 기업의 분석을 특기로 하는 사람들이 기업에 관한 전문적인 리포트를 무료로 내놓는 것이 '애널리스트 리포트'다. 그 속에는 전문가의 혜안과 재치 있는 표현이 가득 차 있다. 애널리스트들의 전문적인 인사이트와 그들의 숙고를 지렛대 삼아 면접에 활용해보자. 리포트에 담긴 인사이트를 별도의 수정 없이 그대로 활용해도 무방하다.

애널리스트 리포트는 대개 PDF 파일로 제공되며 한경 컨센서스(markets.hankyung.com/consensus)를 통해 한눈에 들여다볼 수 있다. 양질의 정보가 가득한 이 페이지를 적극적으로 활용하도록 하자. 리포트들 가운데서도 단순히 실적을 추종하는 가벼운 리포트가 아닌, 산업 전체를 심도 있게 분석한 큰 분량의 리포트가 있을 것이다. 그중에서 마음에 드는 것 몇 가지를 다운로드해 틈틈이 숙지하자. 다음은 한화투자증권 김소혜 애널리스트의 2021년 7월 28일 리포트에서 발췌한 내용이다.

우리는 웹툰으로 촉발된 콘텐츠와 엔터 사업이 해외 시장에서 지배력을 확대시킬 것으로 예상하고, 이는 국내 로컬 시장이 아닌 글로벌 시장 플레이어로서 입증할수 있는 요인이 될 것으로 전망한다. (중략) 인터넷 기업들은 포털 이용자의 락인을 위해 무료 서비스로 제공했던 웹툰을 이제 다각화된 IP 비즈니스로 진화시키고 있다. 우리는 이 진화 단계를 다음과 같은 단계로 나눈다. ① 무료 콘텐츠의 유료화 전환, ② 해외 지역으로의 확장, ③ One Source, Multi-Use 단계로 볼 수 있다. ① 콘텐츠의 유료화 단계는 이미 성공적으로 완료했고, ② 본격적인 지역 확장에 주력하고 있다. (중략) 결국 양질의 원천 IP(똑똑한 한 놈)가 국내 웹툰·웹소설 플랫폼 성장의 핵심인데, 원천 IP를 많이 보유한 플랫폼일수록 빠르고, 강하게 성장할 수 있다. 네이버웹툰, 카카오페이지 등이 로컬 사업자가 아닌 글로벌 플레이어로 자리매김해야 하는 필연적 이유다.

네 번째, '기업의 웹사이트'에서 우리가 주안점을 두고 살펴봐야 할 내용을 볼 수 있다. 우선 기업 소개를 통해 경영 이념과 비전을 확인할 수 있고, 선호하는 인재상을 떠올릴 수 있다. 예를 들어 GS리테일의 조직 가치에는 '최고 기준에 대한 집념'이라는 단어가 있다. 이러한 기업의 워딩을 차용한다면 인사담당자에게 좋은 인상을 줄 수 있다. 또한 대기업 웹사이트에는 지속 가능한 경영에 대한 소개 자료가 보기 편하게 제시되어 있을 것이다. 기업이 영속 가능한 성장을 위해 어떤 노력을 기울이고 있는지, 그리고 그 관점에서 자신의 역량과 대입할 부분이 있는지 파악하면 된다.

한 가지 팁을 첨가하자면 상장사의 경우 기업 홈페이지에 IR(Investment Relations) 자료가 있다. IR 자료란 기업에 투자한 투자자들을 대상으로 '우리가 분기별로 이렇게 사업 운영을 했고, 앞으로 이런 방향으로 사업을 운영할 계획입니다.'라고 설득시키기 위한 자료다. IR 자료를 통해 기업의 운영 방안에 대한 소상한 계획을 도출할 수 있다.

소개한 네 가지 프로세스만 거쳐도 다른 어떤 지원자보다 방대하고 효율적인 데이터를 확보할 수 있다. 네 가지만 봐도 충분하니 굳이 더 많은 시간을 리서치에 쏟을 필요는 없다. 또한 자료를 숙지하는 과정에서 자연스럽게 얻을 수 있는 인사이트가 굉장히 많다. 면접까지 시간이 일주일 이상 남았다면 자료를 출력해 필기하며 공부하는 시간을 가질 것을 추천한다.

자, 기업에 대해 구체적인 윤곽을 그렸다면, 이제는 이를 조합해 자신만의 인사이트가 담긴 답변을 만들 차례다. 비즈니스의 현재상을 드러내는 팁은 다음과 같다.

1. 한 문장으로 정리하기

현재 당면한 기업의 상황에 대해 두괄식으로 한 문장으로 정리한다. 한 문장 안에 기업의 상황·전반을 아우를 수 있는 함축적인 표현이 들어가야 한다. 도무지 좋은 아이디어가 떠오르지 않는다면 애널리스트 리포트의 제목이나 문구 중에 가장 마음에 드는 문장을 적극 인용하는 방법도 있다.

> "노는 물이 달라졌다(한화투자증권 김소혜 애널리스트의 리포트에서 발췌). 이것이 제가 생각하는 카카오의 현 상황입니다."

2. 한 문장에 대한 구체적인 설명

이제 한 문장에 대한 구체적인 설명을 이어갈 차례다. 여기에 자신만의 관점을 첨가한다면 금상첨화다.

> "콘텐츠의 유료화와 IP 확장의 비즈니스 모델은 이미 국내에서 성공적으로 구축을 완성했고, 이제는 이 모델을 해외로 확장시키는 데 주력을 다하고 있는 것으로 파악했습니다. 기존 글로벌 전략이 국내 IP 확장에 주력했다면 앞으로는 이 생태계 모델이 해외에 자리 잡도록 하는 것이 중요한 과제라고 생각합니다. 이에 성공한다면 카카오에서 활동하는 해외 웹툰 작가의 IP를 활용한 작품이 전 세계를 강타할 날이

머지않았다고 생각합니다. JYP가 프로듀싱한 일본 걸그룹 니쥬가 일본의 대스타 반열에 오른 것처럼, 이것이 진정한 글로벌 플레이어로서 카카오가 추구해야 할 궁극적인 방향성이라고 생각합니다.

3. 자신이 기여할 수 있는 부분 어필

이 부분은 역량 어필과도 연관이 있다.

"전직 웹소설 작가로서 누구보다 작가의 니즈를 잘 알고 있습니다. 이를 전공지식과 조합해 현지 문화를 고려한 맞춤형 플랫폼 구축을 도와 '한국적인 것이 가장 세계적인 것이다.'라는 말을 현실로 옮길 수 있는 인재로 성장하겠습니다."

다섯 번째 농축액:
비즈니스의 미래조감도

기업의 비전을
파악하라

면접은 기업이 가진 시대정신을 반영한다. 그것이 곧 채용 목
표로 작용하기도 한다. 인사팀은 앞으로 활약할 미래의 주역을
뽑기 위해 지원자를 선별한다. 그래서 대기업 인사팀은 보통 인
재개발부서와 인재육성부서로 조직도가 나뉜다. 이는 인재 개발
영역 외에도 뽑은 인재를 잘 육성하는 일 또한 중요하다는 뜻이

다. 당장의 업무 퍼포먼스도 중요하지만 훗날 관리자가 되었을 때 회사에 도움이 될 만한 새로운 성장동력을 발굴하고, 새로운 비전을 제시할 수 있어야 한다. 이러한 능력을 증명하는 것이 바로 비즈니스의 미래조감도의 역할이다.

앞서 살펴본 리서치 내용을 종합해 기업의 장기 비전을 파악하고, 이를 근거로 상상력을 발휘해 구체적인 미래를 전망할 필요가 있다. 일례로 현대차는 다른 어떤 모빌리티기업보다 도심항공 모빌리티 분야에 큰 기대를 걸고 있다. 단순히 도로 위의 자동차로 운전수단을 한정 짓지 않고 하늘 길을 이용한 이동을 꿈꾸는 것이다. 도심항공교통(UAM; Urban Air Mobility) 외에도 자율주행, 카 인포테인먼트 분야가 사업의 청사진에 포함될 것이다. 이처럼 당면한 사업도 중요하지만 아직 성숙되지 않은 미래 먹거리에 대한 뚜렷한 인사이트를 제시할 필요가 있다.

미래 먹거리에 대한
인사이트를 제시하라

비즈니스의 미래조감도를 설득력 있게 표현할 수 있다면 면접관에게 '이 사람이라면 미래를 맡겨도 되겠다.' 하는 긍정적인 기대감을 심을 수 있다. 여기서 핵심은 근시안적인 미래가 아닌 아직 제대로 개화되지 않은 모습을 구체적으로 그려보는 것이다. 내가 어디까지 상상할 수 있고 상상한 바를 얼마나 설득력 있게 표현할 수 있는가에 대해 고민해봐야 한다.

예를 들어 이마트에 지원한다고 하자. 여기서 오프라인 유통 채널을 단순히 온라인으로 옮긴다거나 라이브 커머스를 병행한다는 이야기는 큰 의미가 없다. 이미 당면한 과제임과 동시에 진행 중인 사업이다. 이 부분은 비즈니스의 현재상에서 다루면 충분하다. 비즈니스의 미래조감도에서는 좀 더 원거리에서 조망할 필요가 있다. 예를 들어 이마트의 쇼핑 경험을 메타버스로 구현해 오프라인 쇼핑이 갖고 있는 강점을 메타버스라는 제3세계에 구현해보겠다는 아이디어는 어떨까? 손에 잡히는 물성, 압도적 공간감, 체험적 요소를 똑같이 구현한다면 파괴적인 새로운 유통 채널이 탄생할 것이다.

마찬가지로 아모레퍼시픽에 지원한다면 단순히 글로벌 확장과 신제품 출시에 대해 언급하는 것만으로는 부족하다. 예를 들어 개인 맞춤형 화장품 제조기기의 상용화로 개개인의 피부 타입에 최적화된 커스텀 화장품을 제공하고 싶다는 포부를 드러내면 어떨까? 이는 기존의 상품 중심 마케팅의 프레임에서 벗어나 새로운 시야로 시장을 조망하는 신선한 아이디어다. 이처럼 산

업에 대한 통찰을 바탕으로 본질적으로 결이 다른 생각을 해봐
야 한다.

비즈니스의 미래조감도를
드러내는 방법

비즈니스의 미래조감도를 드러내는 팁은 다음과 같다.

1. 아이디어 한 줄 요약하기

한 줄로 짧게 화두를 제시하면 머릿속으로 윤곽을 그리면서
들을 수 있다.

"미래의 쇼핑 대부분은 오프라인과 온라인이 아닌 메타버스 속에서
이뤄질 것입니다."

2. 왜(Why), 어떻게(How)에 대해 자세히 설명하기

어떤 조건들이 모여 이 상황이 도래할 것인지, 그리고 그 속에
서 기업이 어떤 행동을 취해 대처해야 하는지 설명한다.

"현재 페이스북은 메타버스를 본인의 비전으로 설정하고 있고, 로블록스, 엔비디아와 같은 메타버스기업에 막대한 투자가 이뤄지고 있습니다. 그래서 머지않은 미래에 메타버스 구현에 필요한 기술들이 대중화될 것이라고 생각합니다. 온라인 쇼핑의 장점은 이동이 필요 없는 편리함에 있습니다. 오프라인 쇼핑의 장점은 직접 그 물건의 질감을 느낄 수 있다는 데 있습니다. 그러나 만약 VR기기를 이용한 건축 시뮬레이션, 가상 전쟁 시뮬레이션 등이 상용화된 것처럼 오프라인에서 특정 물건의 질감을 70% 이상 구현하는 데 성공한다면, 온라인 쇼핑이라는 단어 자체도 구시대의 단어가 될 가능성이 있습니다. 이 시대가 도래한다면 종업원들도 점포에서 근무하는 것이 아니라 가상의 공간에서 손님을 맞게 될 것입니다. 따라서 이마트는 오프라인 쇼핑의 범주를 단순히 라이브 커머스 등의 동영상 형태로만 한정 짓지 말고, 상품의 질감을 온라인 공간에 옮기는 기술을 개발해야 한다고 생각합니다. 이를 위해 기존의 메타버스 플랫폼과 협업해 신기술에 대한 프로토타입을 만드는 시도가 선행되어야 합니다."

3. 기대 효과 제시하기

자신이 설정한 비전을 따라오면 어떤 성과를 얻을 수 있는지 조명하며 마무리한다. 최대한 희망적으로 기술해야 내러티브의 힘이 증가한다.

"이러한 가상공간 쇼핑의 원천 기술을 이마트가 가지게 된다면, 아마존이 자체 업무 효율 증진을 위해 개발한 클라우드 기술을 대중에게 개방해 해마다 막대한 수익을 얻는 것처럼 메타버스 쇼핑 원천 기술을 수출하는 글로벌 테크기업으로 성장할 수 있을 것입니다."

취업을 뽀개는 면접 레볼루션

- 자기소개는 면접을 여는 포문과 같다. 자기소개를 성공적으로 '완수'하게 되면 심리적 안정감이 생겨 이어지는 질문에도 편안한 마음으로 대처할 수 있다.

- 면접장 안에서만큼은 순응적이면서도 자기 발전적인 태도를 '연출'해야 한다.

- 역량 어필이란 자신이 갖고 있는 역량을 회사의 현 상황에 대입시키는 논리를 만드는 것을 말한다.

- 글로벌 전략, 기획력, 디지털 전략, 영업 및 마케팅, 브랜딩 다섯 가지를 다시 한번 점검해보자. 이 다섯 가지 요소 중 한 가지만 제대로 자신의 역량과 매칭하면 된다.

- 지원한 기업의 현황에 대해 완결성 있는 답변을 할 수 있다면 그 자체로 자신의 성실성을 드러낼 수 있다.

- 비즈니스의 미래조감도를 설득력 있게 표현할 수 있다면 면접관에게 '이 사람이라면 미래를 맡겨도 되겠다.' 하는 긍정적인 기대감을 심을 수 있다.

PART 4

연습하기
실전 대응 전략

완성된 답변 농축액,
어떻게 활용할 것인가?

　　'PART 3'을 통해 우리는 실제 면접장 앞까지 들고 들어갈 다섯 가지 답변 농축액을 만들었다. 분량으로 A4용지 2장짜리 스크립트가 면접에 얼마나 효과가 있을지 여전히 의구심이 드는가? 고등학교 때 배운 순열과 조합을 떠올려보자. 다섯 가지 짧은 스크립트를 조합하면 무려 205개의 문장을 만들 수 있다. 공식은 다음과 같다.

　　$5+(5×4)+(5×4×3)+(5×4×3×2)=205$

그러나 이마저도 틀렸다. 왜냐하면 다섯 가지 답변 농축액은 각각이 수십 개의 문장으로 구성되어 있기 때문이다. 문장 단위로 섞어서 버무리면 수만 가지의 조합이 만들어진다. 운동도, 공부도 결국 기본기의 조합으로 발전한다. 면접도 마찬가지다. 더불어 완결된 답변 농축액을 준비하는 과정에서 각인된 정제된 생각들이 예기치 못한 상황에 큰 도움이 될 것이다.

시작하라,
면접 레볼루션

다섯 가지 짧은 스크립트로 면접관의 수십 수백 가지 각기 다른 질문에 완벽하게 답변할 수 있다니 정말 놀랍지 않은가? 내가 이를 '면접 레볼루션'이라고 명명한 이유다. 『어린 왕자』에는 '사막이 아름다운 이유는 어딘가에 샘을 감추고 있기 때문이야.'라는 구절이 나온다. 우리의 샘은 우리 자신 안에 있다. 대학 시절을 충실히 보냈든, 그렇지 않든 중요하지 않다. 우리 모두에게는 아름다운 샘이 숨겨져 있다. 4년간의 대학 시절이 결코 진공의 시간은 아니기 때문이다.

나는 학점이 낮았고, 스펙이 없었다. 인적성시험에서도 번번이 낙방했다. 그러다 인적성시험이 없는 한 대기업의 서류전형에 덜컥 합격했다. 아마 의류사업을 경영한 창업 경험을 눈여겨본 것이리라. 아무리 생각해봐도 이 기업이 내가 갈 수 있는 최선인 것 같았다. 그래서 난생처음으로 몇 년 만에 내 안에 잠자고 있던 열정을 깨웠다. 우선 인터넷에서 족보처럼 떠도는 면접 예상 질문을 정리했다. 그런데 '이걸 공부한다고 의미가 있을까?' 하는 생각이 들었다. 자신감보다는 막막함이 앞섰다.

그러다 앞서 언급한 『탈무드』의 명사수 이야기가 뇌리에 스쳤다. 나는 지혜를 발휘해 어설픈 사격 실력으로 과녁에 대고 총을 쏠 것이 아니라, 총을 쏘고 그 위에 과녁을 그리기로 했다. 그러려면 일단 총을 쏴야 했다. 남들처럼 예상 질문을 달달 외우는 게 아닌, 답변부터 공부해야겠다는 생각에 무작정 스크립트를 짰다. 막연하지만 나에 대해, 직무에 대해, 회사의 현재상과 미래에 대해 구체적인 답변을 만들어 달달 외웠다. 운동장 구석에서, 도서관에서, 카페에서 틈틈이 암기하고 연습했다.

그 결과 1천 명이 넘는 고스펙 지원자들을 제치고 면접에서 최고점을 받았다. 몇 개월 뒤 회식 자리에서 당시 면접관이었던 부장님께서 나에게 다가와 말했다.

"내가 7년이 넘도록 면접을 봤는데 자네가 최고였네."

회식 자리에서 들은 그 한마디가 큰 자극제가 되었다. 그 뒤 몇 년의 시간이 흘러 회사를 퇴사하게 되었다. 나는 취업 컨설턴트이자 스피치 강사로 활동하며 논리학과 화술을 깊게 공부하는 시간을 가졌다. 그럴수록 확신하게 되었다.

'그래, 면접은 대처가 아닌 준비의 영역이구나. 질문이 아닌 답변을 공부해야 하는구나.'

그래서 세상에 없던 '면접 레볼루션'이라는 새로운 접근법을 다듬고 구체화하기 시작했다. 내 미약한 경험을 증류해서 누군가의 미래에 도움이 될 수 있다면 더할 나위 없다는 생각이 들었다.

이후 다년의 면접 컨설팅에서 이 방법을 다른 사람에게 적용시키는 소화의 시간을 가졌다. 모두가 좋은 성과를 얻었다. 그리고 마침내 그러한 노하우와 경험을 엮어 책을 쓰게 되었다. 여러분이 책을 참조해 만든 A4용지 2장 분량의 스크립트는 면접장에서 쓰일 무기이자 훌륭한 교보재다. 다섯 단락의 스크립트는 면접이라는 항해에 최적화된 두껍고, 질긴 돛이 되어줄 것이다.

브로드웨이에 가는 방법은 연습뿐이라는 할리우드의 격언처럼 이제는 고독한 연습만이 필요할 뿐이다. 우리 안에 탁월함이 만들어지기까지 일주일의 시간도 필요 없다. 이틀의 시간이면 충분하다. 이제부터 이 문장들을 어떻게 활용해야 하는지 방향성을 제시할 것이다. 프리드리히 니체의 『짜라투스트라는 이렇게 말했다』에는 이런 문장이 나온다.

"폭풍을 일으키는 것, 그것은 더없이 잔잔한 말들이다. 비둘기처럼 조용히 찾아오는 사상, 그것이 세계를 끌고 간다."

천 리 길도 한 걸음부터,
수정 및 퇴고하기

철저한 연습이
필요한 이유

    미국 해밀턴대학의 대니얼 챔블리스 교수는 수영선수들의 습관, 배경, 성과를 연구해 논문 '탁월함의 일상성'을 발표했다. 그의 결론은 위대한 선수와 좋은 선수를 가르는 차이는 재능과 훈련의 양이 아니라 태도라는 것이다. 위대한 선수는 다른 선수들이 기피하는 세세한 부분에서 즐거움을 찾았다. 부족한 점을 꾸준히 개선시키는 근면한 자세가 그들을 성장하게 한 것이다. 탁월함을 일상으로 만들기 위해 이제 우리도 준비된 다섯 가지 답변 농축액을 바탕으로 연습을 시작해야 한다.

말의 재료가 있다는 안정감은 면접자의 마음을 편하게 만들어 준다. 면접장에서 다른 지원자의 면접을 살펴보면 몇 가지 공통된 실수가 보일 것이다. 과도한 야망을 제시한다거나, 회사에 대해 적나라한 비판을 한다거나, 마음에도 없는 말을 뱉는 경우가 많다. 우리는 그래서는 안 된다. 입에서 자극적인 말, 마음에도 없는 말이 나오는 이유는 두 가지다. 첫 번째는 할 말이 없기 때문이다. 뭐라도 말해서 공백을 메워야 된다는 생각에 의도하지 않은 말을 이어가는 것이다. 두 번째는 자신의 답변이 마음에 들지 않기 때문이다. 이를 만회하기 위해 뒤이은 답변에서 무리수를 두는 것이다.

『손자병법』에서 손무는 불리한 상황을 만들지 않는 장수를 명장이라고 이르렀다. 대중은 보통 불리한 상황에서 큰 적을 상대로 극적인 승리를 거둔 장군을 명장으로 주목하지만, 실제로 '명장'은 그렇지 않다는 것이다. 명장은 싸움에 유리한 조건을 사전에 확보해 싸우기 전에 이미 이기고 들어간다. 우리 역시 면접장에 들어서기 전에 승리를 확보해둘 필요가 있다. 그러기 위해서는 철저한 연습이 선행되어야 한다.

NBA 선수 케빈 듀란트는 "혼자 동작을 연습하고 그 동작 하나하나를 세밀히 개선하는 데 연습시간의 70%를 사용한다."라고 말했다. 우리도 실전에 들어가기 앞서 답변 농축액을 세밀하게 다듬을 필요가 있다.

연습은 두 가지 차원에서 이뤄진다. 첫 번째는 '수정 및 퇴고'이며, 두 번째는 '시뮬레이션'이다. 먼저 시뮬레이션을 해보기에 앞서 수정 및 퇴고 작업을 거쳐야 한다. 음악 프로듀서는 보통 음악을 먼저 만들고, 가수에게 연습시키는 과정에서 영감을 표현하는 데 최적화되도록 곡의 형식을 반복해서 수정한다고 한다. 우리도 준비했던 글이 말로써 드러날 때 인상과 호흡이 생각과 다를 수 있기에 먼저 수정 및 퇴고 작업을 거쳐야 한다.

수정 및 퇴고하기

첫 번째로 해야 할 일은 다섯 가지 스크립트를 편안한 마음으로 쭉 읽으며 녹음하는 것이다. 녹음해서 들어보면 의도한 바와 달리 왜곡되어 들리는 구절이나 너무 장황한 문장이 몇 가지 눈에 띌 것이다. 실전에서는 되도록 쉼표가 들어간 연결 문장은 자제하고, 한 문장으로 끊어 말해야 말의 리듬감이 생긴다. 그래야 듣는 이의 관점에서도 편안하게 들린다. 또한 표현이 너무 작위적이거나 공격적이라면 이 또한 순화시켜 수정해야 한다.

인상과 호흡의 관점에서 자신이 녹음한 스크립트를 들어보며 되새김질해보자. 그리고 펜을 꺼내 거슬리는 부분을 체크해서 문장을 바꿔보자. 스스로 만족할 만한 매끄러운 흐름이 나오기까지 이 과정을 최소 3번 반복하는 것을 추천한다.

1-1. 호흡이 거친 초안

무라카미 하루키는 한때 음악가를 꿈꿨고, 서른 살이 넘을 때까지 재즈바를 운영했다고 합니다. 그리고 스물아홉 나이에 처음으로 소설을 씁니다. 그의 소설에는 모두 음악이 등장합니다. 저역시도 20대 중반까지 인디밴드의 기타리스트로 활동했습니다. 6개의 기타 줄이 내는 다양한 소리가 희로애락을 가진 우리의 인생처럼 느껴져 음악의 세계에 푹 빠졌지만, 곧 음악으로 내 감정과 생각을 표현하는 데 한계를 느꼈습니다. 이후 글이 그 역할을 할 수 있음을 알고, 치열하게 읽고 쓰는 일로 20대 후반을 보냈습니다. 논리학 책을 보고, 에세이를 쓰면서 실력을 키우기 위해 노력했고 제 생각을 텍스트화하는 데 집중했습니다. 조금 늦었지만 그만큼 글이 가진 힘을 더 잘 알고 있습니다. 유행가는 못 만들었지만 유행하는 광고 문구는 만들 수 있는 좋은 카피라이터가 되 겠습니다.

1-2. 축약을 통해 호흡이 짧아진 수정안

무라카미 하루키가 처음 소설을 쓴 것은 29살 때의 일입니다. 그때까지 그는 재즈바를 운영하며 문학과는 거리가 먼 삶을 살았 습니다. 저 역시 대학 시절 음악가를 꿈꿨습니다. 20대 중반까지 한 인디밴드의 기타리스트로 활동하던 도중에 음악만으로는 제 생각과 감정을 표현하는 데 한계가 있다는 생각을 하게 되었죠. 그래서 뒤늦게 글에 빠졌습니다. 논리학 책을 보고, 에세이를 쓰 며 제 생각을 텍스트화하는 데 집중했습니다. 남들보다 조금 늦 었지만 그만큼 글이 가진 본연의 힘을 더 잘 이해하고 있습니다. 유행가는 못 만들어냈지만 유행하는 문구는 만들어낼 수 있는 카 피라이터가 되겠습니다.

2-1. 장황한 초안

대학교 1학년 때 교수님께서 저에게 지어주신 별명은 '불타는 청춘'입니다. 암기하는 건 곧잘 해서 시험 성적은 상위권이었으 나, 발표는 남들 앞에 서본 경험이 한 번도 없었기에 자신이 없었 습니다. 발표 때 PPT를 띄웠는데 머리가 하얘지고, 민망함에 얼굴이 붉어져 더듬거리며 발표를 망치고 말았습니다. 성적이 아깝다며 교수님께서 한 번의 기회를 더 주셨습니다. 시간이 촉박했지만 김미경, 조승연, 김창욱 등 연사들의 강연을 찾아 그들이 했던 말을 손수 타이핑해 스크립트를 분석했고, TED 강연을 보며 바디랭귀지를 내 것으로 만들었습니다. 발표 전날, 준비한 스크립트는 자다가도 일어나 앉아 외울 정도가 되었고 표정 연습까지 마쳤습니다. 그 결과 자신감 있게 발표를 마칠 수 있었습니다. 적수성연(積水成淵), 떨어지는 빗물이 모여 호수를 이룬다는 뜻으로 노자의 『도덕경』에 나오는 말입니다. 다른 사람보다 특별히 빠르진 않더라도 꾸준함만은 자신 있습니다. 회사에 기여하는 인재가 되겠습니다.

2-2. 축약을 통해 적절히 짧아진 수정안

1학년 때 교수님께서 저에게 지어주신 별명은 '불타는 청춘'입니다. 암기하는 건 곧잘 해서 성적은 상위권이었으나 발표에는 굉장히 약했습니다. 발표를 하기 위해 PPT만 띄우면 머리가 하얘지고, 민망함에 얼굴은 붉어졌죠. 발표를 망쳤지만 다행히 교수님께서 농담처럼 '불타는 청춘'이라며 웃어넘기셨고, 한 번의 기회를 더 주셨습니다. 이후 저는 저명한 명연사의 강연을 손수 타이핑해 암기하며 노하우를 흡수했습니다. 그 결과 구성원들의 박수를 받으며 'A+'로 수업을 마칠 수 있었습니다. 노력하면 안 될 게 없다는 사실을 뼛속 깊이 새기는 계기가 되었습니다. 바람이 불지 않을 때 바람개비를 돌리는 유일한 방법은 앞으로 달리는 것이다. 제 좌우명이기도 한 카네기의 말입니다. 안주하지 않겠습니다. 좌절하지 않겠습니다. 조금씩이라도 항상 전진하는 인재로 성장하겠습니다.

실전처럼
연습하기

    사람인이 기업 인사담당자 447명을 대상으로 '면접 중 당락을 결정한 경험 여부'를 조사한 결과, 인사담당자의 75.4%가 면접 도중 합격의 당락 결정한 경험이 있는 것으로 나타났다. 당락을 결정하기까지 걸리는 시간은 평균 19분이었다. 서류심사, 필기시험, 인적성검사, 논술시험 등 취업으로 가는 관문은 여러 가지가 있지만 관건은 결국 '면접'인 것이다. 무려 75.4%에 달하는 면접관이 고작 19분 만에 합격 여부를 판가름한다니, 충격적이지 않을 수 없다.

당락이 결정되기까지 걸리는 시간 평균 19분

경험 있다	75.4%
경험 없다	24.6%

자료: 사람인

따라서 자기소개만큼은 단어 하나 어긋나지 않도록 완벽하게 준비해야 한다. 적어도 자기소개만큼은 상황에 상관없이 언제 어디서든 술술 말할 수 있는 경지에 올라야 한다. 자기소개가 첫인상을 결정 짓는 중요한 요인이기 때문이다. 목표를 '대본 없이 5번 연속 암송하기'로 정하면 어떨까? 스크립트와 정확히 일치하는 문장을 직접 암기해 독백하기를 추천한다. 처음에는 쉽지 않을 것이다. 하지만 하루 1~2시간 정도 꾸준히 투자한다면 누구나 쉽게 목표에 도달할 수 있다.

나머지 성장 내러티브, 역량 어필, 비즈니스의 현재상, 비즈니스의 미래조감도는 평소 암기에 자신이 있다면 통째로 외워도 좋고, 핵심만 드문드문 외워도 좋다. 자기소개와 달리 나머지 스크립트는 단어 하나 어긋나는 정도는 크게 염려치 않아도 된다. 내가 전달하고자 하는 인상이 좋은 호흡으로 정확하게 전달되는지만 확인하면 된다.

자기소개를 제외한 나머지 네 가지 스크립트는 연습장에 따로 문장의 핵심어만 적어 해당 핵심어를 순서대로 체크해 암기하는 방식을 추천한다. 마찬가지로 5번 연속으로 준비한 핵심어를 빠짐없이 사용해 말을 완성시킬 수 있도록 암기한다. 더불어 문장을 구성함에 있어 간투어를 사용하지는 않는지, 말의 템포가 고른지도 확인한다.

핵심 키워드를 추려내는 방법

예를 들어 다음과 같은 스크립트를 준비했다고 가정해보자.

"중문과 전공이지만 성조를 정확하게 발음하는 건 저에게 있어 언제나 큰 도전이었습니다. 단어는 곧잘 외웠지만 발음이 좋지 않아 그게 항상 콤플렉스였습니다. 그때마다 노자의 『도덕경』에 나오는 문장인 '회오리바람은 아침 내내 불지 않고, 소나기도 하루 내내 내리지 않는다.'는 구절을 떠올렸습니다. 언젠가는 좋아지겠지 하며 3년 동안 중국 드라마를 보며 발음을 연습했고, 마침내 중국어 프레젠테이션 대회에서 유학을 다녀온 친구들을 제치고 당당히 대상을 수상할 수 있었습니다. 앞으로도 저는 노력의 가치를 믿는 성실한 태도로 회사의 발전에 이바지하는 인재로 성장하겠습니다."

해당 스크립트에서 키워드를 추리면 다음과 같다.

1. 성조
2. 큰 도전
3. 『도덕경』
4. 중국 드라마
5. 프레젠테이션 대회
6. 노력의 가치

또 다른 스크립트를 살펴보자.

"생존하는 종은 가장 강한 종도, 가장 뛰어난 종도 아니다. 그것은 변화에 가장 잘 적응하는 종이다. 제가 가장 좋아하는 찰스 다윈의 말입니다. 저는 철학을 전공했지만 디지털 트렌드를 놓치고 싶지 않아 자바와 파이썬 두 가지 코딩 언어를 공부했습니다. 마크 저커버그의 취미는 그리스로마 신화를 원전으로 읽는 것이라고 합니다. 저 또한 인문학과 코딩 두 가지를 공부하며 시야를 넓힐 수 있었습니다. 철학을 통해 거시적 차원에서 사고하는 법을 배웠고, 코딩을 통해 추상적인 생각을 구현하는 방법에 대해 배웠습니다. 한 가지 영역에 매몰되지 않는 거시적인 생각과 이를 구현할 수 있는 역량을 통해 플랫폼 시대에 적합한 하이브리드형 인재로 성장하겠습니다."

해당 스크립트에서 키워드를 추리면 다음과 같다.

1. 찰스 다윈
2. 디지털 트렌드
3. 마크 저커버그
4. 거시적
5. 추상적
6. 하이브리드형 인재

다음 스크립트를 통해 키워드를 추리는 연습을 반복해보자.

"법학도로서의 전공지식을 어떤 부분에 적용시킬까 고민하던 중 '계약'이라는 특정 영역에 집중하기로 마음먹었습니다. 그래서 '계약법 연구회' 회장으로 활동하며 분야를 넘나드는 다양한 계약서를 직접 작성해보는 실무 훈련을 거쳤고, 제가 작성한 계약서 양식을 유료 콘텐츠 사이트를 통해 판매하기도 했습니다. 공정한 보상체계의 구축은 플랫폼 확장에 밑거름이 되는 중요한 요소라고 생각합니다. 계약법을 공부하면서 양 당사자가 만족할 만한 계약을 이끌어낼 수 있는 실무적인 지식을 쌓았습니다. 다양한 IP를 활용한 사업이 진행됨에 따라 카카오 콘텐츠 생태계의 이해관계자들이 무한히 증가하고 있습니다. 당사자들 간에 서로가 만족할 수 있는 계약체계를 구축하는 데 일조해 콘텐츠사업 부문 기획자로서 카카오가 공급자와 소비자 모두가 행복할 수 있는 콘텐츠 플랫폼으로 발돋움하는 데 기여하겠습니다."

해당 스크립트에서 키워드를 추리면 다음과 같다.

1. 법학도
2. 계약법 연구회
3. 공정한 보상체계
4. 이해관계자
5. 계약체계
6. 콘텐츠 플랫폼

취업을 뽀개는 면접 레볼루션

합격에 필요한
마인드셋

안전거리를
좁히는 연습

평소 사람들 앞에서 의견을 개진하는 데 어려움을 겪는 사람이라면 극약처방으로 다음과 같은 방법을 추천한다. 심리학에는 '안전거리'라는 것이 있다. 타인이 어느 정도 거리에 있을 때 편안함을 느끼는지 연구한 것인데, 아무리 친한 사람이라도 1m 안에 들어오면 누구나 조금은 당황하기 마련이다. 그래서 친한 친구를

1m 앞에 세워두는 극단적인 환경을 조성해 상대방의 얼굴을 바라보며 답변 농축액을 연습해볼 필요가 있다. 이 밖에도 긴장감을 구성하는 요인은 물론 많지만, 나는 그중 '거리감'이 가장 본질적인 문제라고 생각한다. 번거롭겠지만 스스로 극단적인 환경을 조성해 연습한다면 긴장감을 효과적으로 없앨 수 있다.

합격을 부르는
믿음과 태도

답변 농축액을 달달 외울 정도가 되었다면 이제 거의 모든 준비를 마쳤다고 해도 무방하다. 면접을 준비하면서 우리가 가져야 할 마인드셋은 다음과 같다.

1. 회사는 나를 강하게 원하고, 나는 그것을 증명할 뿐이다.
2. 나만큼 체계적으로 준비한 지원자는 없다.
3. 나는 합격을 하는 과정 중에 있다.

불안할 때마다 이 세 문장을 만트라처럼 외우자. 구직 활동은 살얼음길을 걷는다는 점에서 멘탈 싸움이기도 하다. 자신을 믿고,

자신이 만든 문장을 믿자. 혹 그것이 합격으로 이어지지 않는다고 해도 '나를 알아보지 못한 회사의 채용 시스템이 문제다.' 하고 얼른 털어버리는 것이 최선이다.

중요한 건 우리가 최선의 준비를 했다는 점이다. 지금이 나의 최선이고, 그 최선이 채용 시장의 문법에 가장 잘 부합한다는 믿음이 필요하다. 심리학의 거장 빅터 프랭클은 말했다.

"인간에게 모든 것을 빼앗아갈 수 있어도 단 한 가지, 마지막 남은 인간의 자유, 주어진 환경에서 자신의 태도를 결정하고 자기 자신의 길을 선택할 수 있는 자유만은 빼앗아갈 수 없다."

믿음과 태도라는 무기는 그 어떤 무기보다 강력하다. 스스로를 믿고 당당하게 면접에 임하기 바란다.

PT 면접
정복하기

 인성 면접, 실무 면접, AI 면접, 화상 면접, 영어 면접, 토론 면접, PT 면접 등 최근 면접의 유형이 다변화되고 있다. 코로나19로 인한 경기 침체로 채용 인원이 전보다 대폭 감소하면서, 회사는 더 적고 우수한 인원을 선별하기 위해 적극적으로 PT 면접을 도입하고 있다. 그런데 많은 지원자가 PT 면접에 큰 부담을 느끼고 있다. 한국토익위원회가 취업준비생 863명을 대상으로 실시한 설문조사에 따르면, 지원자의 17.4%가 PT 면접을 까다롭게 느낀다고 답했다. 이는 영어 면접(21.6%), 토론 면접(20.6%) 다음으로

취업을 뽀개는 면접 레볼루션

높은 수치다.

　기업이 PT 면접을 선호하는 이유는 실무 역량을 갖춘 인재를 판별하기 수월하기 때문이다. 물론 코로나19 이전에도 PT 면접은 있었다. 하지만 그때와 지금의 차이점은 따로 면접장 밖에서 준비할 시간을 주는 사전 준비형이 아닌, 면접 당일에 30분 정도 시간을 주고 곧바로 발표하는 즉석형이 많아졌다는 데 있다. 즉석에서 답변을 고안하는 건 쉬운 일이 아니다.

　그렇다고 제시하는 주제가 쉬운 것도 아니다. '○○홈쇼핑 모바일 선물하기의 활성화 방안' '백화점 점포의 미래 성장 전략 및 콘텐츠 제안하기' '생활가전 분야에서 혼수 시장 점유율을 높일 방안' 'PB 상품 마케팅 전략' '2030세대를 타깃으로 한 제품 마케팅 방안' 등 사업의 개괄적인 구조와 시장 현황을 알지 못하면 풀 수 없는 주제를 내놓고 있다.

사업과 시장의
지형부터 파악하자

　사전 준비를 금하면서 수준 높은 주제를 내놓는 이유는 무엇일가? 바로 지원자의 논리력을 통해 실무 역량을 파악하고, 회사에 대해 사전에 얼마나 조사했는지를 파악하기 위함이다. 그래서 대개 PT 면접은 2차 면접에서 시행되는 경우가 많다. 따라서 만일 1차 면접에서 합격했다면 회사의 사업과 시장의 지형부터 숙지해야 한다.

1. 산업 지형의 변화
2. 성장 전략(현재, 미래)
3. 경쟁 기업과의 관계성
4. 기업이 제공하는 상품

PT 면접에 필요한 사업을 보는 관점은 네 가지로 요약할 수 있다.

먼저 '산업 지형의 변화', 즉 기업이 어떠한 변화를 겪고 있는가를 살펴봐야 한다. 예를 들어 백화점기업에 지원한다고 가정해보자. 현재 백화점은 단순한 쇼핑 공간이 아닌 복합 문화 공간을 지향하고 있고, MZ세대의 명품 구매가 늘고 있으며, 출점 규모가 커지고 있는 추세다. 이처럼 지원 기업뿐만 아니라 지원 기업이 속한 산업 전체가 겪고 있는 변화에 대해 문장으로 정의 내릴 수 있어야 한다.

두 번째, '성장 전략'은 현재와 미래의 관점에서 기업이 어떤 전략을 취사선택하고 있는지 파악하는 것이다. 현재의 관점에서는 기업이 당면한 현실 속에서 시장 점유율을 높이기 위해 어떤 전략(점포 리뉴얼, 라이브 커머스 지원 프로그램 등)을 준비하고 있는지 파악하는 것이고, 미래의 관점은 다가올 미래를 위해 거시적인 차원에서 어떤 전략(메타버스, 신사업 등)을 준비하고 있는지 파악하는 것이다.

세 번째, '경쟁 기업과의 관계성'은 다른 기업과 지원 기업 간의 차이점을 뜻한다.

그리고 마지막 '기업이 제공하는 상품'은 기업이 어떤 재화나 서비스를 제공하는지에 대해 분석하는 것을 뜻한다. 기업의 상품을 모르면 '생활가전 분야에서 혼수 시장 점유율을 높일 방안' 'PB 상품 마케팅 전략'과 같은 주제는 준비가 불가능하다는 사실을 명심해야 한다.

PT 면접에 특화된
기업 분석 툴

결론적으로 '기업 분석 툴'을 만들면 PT 면접을 수월하게 준비할 수 있다. 예시 자료처럼 지원 기업을 분석해 도표로 정리해보자. 도표만 달달 외우면 경쟁자를 재치고 손쉽게 상위 1%에 속할 수 있다. 해당 도표는 롯데백화점에 지원했다고 가정하고 만든 버전이다.

기업 분석 틀

산업 지형의 변화		• 트렌비, 머스트잇, 발란 등 모바일 애플리케이션을 통한 MZ세대의 명품 구매 증가 • 라이브 커머스를 통한 의류 구매 대중화 • 최대 규모 점포 출점에 따른 복합 문화 공간화
성장 전략	현재 (경쟁 우위 전략)	• 기존 점포의 특색을 살린 개별 리뉴얼(잠실 '프리미엄 리빙관', 노원 '1층 F&B 배치', 영등포 'MZ세대 겨냥 패션 편집숍') • 100LIVE, 숍매니저 등 라이브 커머스 지원 프로그램(내부 인력의 인플루언서화)
	미래 (디지털 트렌드)	• 메타버스 커머스 플랫폼 독자적 개발 • 인공지능 마케팅 플랫폼 '빅데이터 파트너' 구축 및 활용(숍매니저의 고객 데이터 자원 활용 증가)
프로덕트 분석 (차별화 상품 정리)		• PB 편집숍 엘리든(디자이너 레이블 편집 매장) • 더콘란샵(해외 리빙 편집숍) • OOTT(친환경 소재 브랜드) • 유닛(캐시미어 니트 브랜드)
경쟁사 상황		• 현대백화점: 리스토어 전략(실내 공원 사운즈 포레스트, 리테일 테라피), 식품 카테고리 강화 • 신세계백화점: 에루샤를 활용한 명품 일번지 전략(경기점 지하 1층 명품 전문관), 자체 최고급 뷰티 브랜드 뽀아레, 스위스 퍼펙션 입점
수치 데이터 (시장 규모, 점유율, 매출)		• 시장 규모 34조 원, 32개 점포(현대백화점 16개, 신세계백화점 13개), 점유율 35%, 매출 11조 7,744억 원

취업을 뽀개는 면접 레볼루션

기업 분석 툴을 통해 PT 면접 당일 우리가 알아야 할 기업에 관한 정보를 모두 내재화할 필요가 있다. 사전 지식 없이는 PT 면접에서 높은 점수를 받을 수 없다. 기업이 어떻게 사업을 영위하고 있는지 정확히 알지 못하면 타당한 전략을 고안해낼 수 없기 때문이다. 사실 면접관은 PT 면접에서 엄청나게 창의적인 답변을 기대하지 않는다. 다만 얼마나 논리적으로 완결성 있게 자신의 의견을 개진하는지, 즉 형식에 더욱 주목한다.

사전 지식이 충분하면 즉석에서 짜임새 있는 문장을 수월하게 만들 수 있다. 그래도 마음이 허전한 지원자를 위해 구체적인 PT 면접의 구조와 예시 답안을 준비해봤다. 문항은 '디지털 트랜스포메이션 시대에 롯데백화점의 새로운 사업 전략 제안'이라고 가정해봤다.

1. 인사
공손하고 간단한 인사말로 시작한다.

"안녕하세요. 이번 ○○ 주제에 관해 발표를 맡게 된 지원자 ○○○입니다. (순차적으로 면접관과 눈맞춤) 저는 이번 주제에 대한 해법으로 ○○을 제시하고자 합니다."

2. 상황 제시

2~3개 포인트를 나열한다. 수치 정보를 덧붙이면 설득력이 높아진다.

"지금 백화점산업은 코로나19로 인해 비대면 쇼핑이 가속화되고 있는 환경에 처해 있습니다. 첫 번째로 2021년 시장 규모는 27조 원으로 2020년 대비 축소되는 결과를 초래했고, 두 번째로 동사의 작년 매출은 2조 7천억 원으로 전년 대비 역성장했습니다. 그러나 앞으로는 기저 효과와 보복 소비의 영향으로 백화점이 다시금 전통 유통 채널로 재도약하는 원년이 될 것이라고 생각합니다."

3. 결론 제시, 당위성 언급

PT 면접에서 제시할 결론을 한 문장으로 먼저 제시한다. 결론에 대한 당위성을 함께 언급한다.

"이러한 상황에서 코로나19 종반부 백화점 소비 회복에 발맞춰 선제적 마케팅을 통해 고객 유치 재활성 전략이 필요하다고 생각했습니다. 이러한 관점에서 신규 고객 유치를 위한 '잊지 않아줘서 고마워' 프로모션을 생각해봤습니다."

4. 아이디어 핵심 진술

아이디어를 구체적으로 구조화해 진술한다.

"롯데백화점은 빅데이터 파트너를 통해 숍매니저들도 고객 데이터를 공유할 수 있는 것으로 알고 있습니다. 이러한 ERP 시스템을 통해 활성 사용자였지만 구매 금액이 감소했거나, 중단된 고객을 타깃팅 그룹으로 선정해 이들을 대상으로 한 집중 프로모션을 기획해봤습니다. 본 프로모션은 이들을 대상으로 자체 PB 브랜드인 엘리든, 시시호시, 유닛의 모바일 할인 쿠폰을 지급해 백화점의 성장 동력인 PB 브랜드에 대한 마케팅을 진행함과 동시에 비활성 고객의 유입을 증가키는 효과를 기대할 수 있습니다."

5. 아이디어 프로세스 묘사

아이디어를 실현하는 방법에 대해 이야기한다.

"엘포인트를 기준으로 당사가 가진 구매 데이터 이력을 시간순으로 배열한 다음, 올해를 기점으로 그 낙폭이 큰 고객 위주로 애플리케이션 푸시 메시지를 통해 PB 브랜드의 할인 쿠폰을 발송합니다. 그리고 실제로 이 쿠폰을 활용해 구매한 고객을 상대로 단계적인 추가 리워드를 제공해 소비자를 락인시키는 것이 프로모션의 목표입니다."

6. 기대 효과 제시

해당 아이디어가 실현되었을 상황을 가정해 기대 효과를 제시한다.

"첫 번째로 이 프로모션을 통해 PB 브랜드의 신규 고객 유치를 모색할 수 있으며, 두 번째로 기존 구매 이력이 있는 고객을 바탕으로 집중 마케팅을 집행하기에 비용 대비 효율이 높은 홍보가 가능합니다."

7. 요약 마무리

마지막으로 다시 한번 핵심 아이디어를 요약해 마무리한다.

"이상 구매 낙폭이 큰 고객층을 알고리즘으로 선별해 애플리케이션 푸시 메시지를 발송하는 '잊지 않아줘서 고마워' 프로모션에 대한 발표를 마치겠습니다."

예시 답변을 보면 느낄 수 있겠지만 크게 창의적인 아이디어라고 볼 수는 없다. 그러나 산업 분석이 선행되면 이처럼 상대적으로 완결성 있는 답안을 내놓을 수 있다.

현재 PT 면접은 대부분 스마트폰 사용 없이 30분 이내에 모든 준비를 마치는 것을 원칙으로 한다. 따라서 획기적이고 뛰어난 무언가를 제시해야 한다는 압박감을 느낄 필요는 없다. 준수한 답변을 '완결성' 있게 제시하는 것만으로도 경쟁자보다 우위에 설 수 있기 때문이다.

- 다섯 단락의 스크립트는 면접이라는 항해에 최적화된 두껍고, 질
  긴 돛이 되어줄 것이다.

- 연습은 두 가지 차원에서 이뤄진다. 첫 번째는 '수정 및 퇴고'이
  며, 두 번째는 '시뮬레이션'이다.

- 적어도 자기소개만큼은 상황에 상관없이 언제 어디서든 술술 말
  할 수 있는 경지에 올라야 한다.

- 자기소개를 제외한 나머지 네 가지 스크립트는 연습장에 따로 문장의 핵심어만 적어 해당 핵심어를 순서대로 체크해 암기하는 방식을 추천한다.

- 믿음과 태도라는 무기는 그 어떤 무기보다 강력하다.

- 기업 분석 툴을 통해 PT 면접 당일 우리가 알아야 할 기업에 관한 정보를 모두 내재화할 필요가 있다.

면접장에서
지양해야 할 말

잡코리아가 인사담당자 1,190명을 대상으로 설문조사한 결과, 인사담당자 10명 중 9명(85.8%)은 면접에서 지원자에게 마지막으로 묻고 싶은 말이 있는지 확인하는 것으로 나타났다. 설문에 응한 인사담당자 1,190명은 이때 구직자가 하지 말아야 할 질문으로 "저 어땠어요?" "저 합격할 것 같아요?" 등 면접 결과를 바로 물어보는 질문(19.2%)을 꼽았다. 그다음으로 "전 야근은 싫은데 야근이 많은 편인가요?"와 같이 일에 대한 관심도가 낮아 보이는 질문(18.1%)과 회사의 사업 방향과는 전혀 다른 엉뚱한 질문(16.5%)도 삼가야 할 질문으로 꼽았다. 면접관 개인의 신상이나 사견을 묻는 질문(15.1%), 낮은 연봉이나 근무 여건 등을 꼬집는 불편한 질문(12.5%), 매출과 사업 영역 등 조금만 조사하면 알 수 있는 기초적인 질문(11.4%)도 삼가야 한다고 지적했다.

앞서 본문에서는 면접장에서 해야 될 '말', 하면 좋은 '말'에 대해서만 서술했다. 이번에는 반대로 면접장에서 우리가 하지 말아야 할 말과 행동에 대해 이야기하고자 한다. 가볍게 읽어보며 무엇을 지양하고 조심해야 하는지 머릿속에 각인시키도록 하자.

1. 지나친 간절함

면접에서 중요한 건 안정감 있는 태도다. "저를 뽑아만 주신다면…" 하는 식의 지나친 간절함이나 떨어지면 갈 곳이 없다는 식의 태도는 당신의 불안감만 면접관에게 전염시킬 뿐이다. 이 전염된 불안감은 면접관으로 하여금 당신의 가치에 대한 의혹을 불러일으킨다. 같은 맥락으로 면접 막바지에 마지막으로 하고 싶은 말이 있냐고 물어볼 때가 있는데, 그때 점수를 따보겠다고 굳이 발언권을 얻으려 경쟁적으로 나설 필요는 없다. 면접을 너무 망쳐 반전 포인트가 필요한 게 아니라면 자연스러운 미소면 충분하다.

2. 논쟁

　면접은 토론이 아니다. 직무 역량 면접에서 면접관의 의견에 대한 정면 반박은 절대 삼가는 것이 좋다. 면접관을 감정적으로 동요시켜서는 안 된다. 면접관이 당신의 견해를 먼저 비판한다고 해도 그건 당신의 대응방식을 알아보기 위함이다. 어쩔 수 없이 배치되는 입장을 내놓아야 할 때는 '재정리' 문구나 "제가 생각하기에는…"과 같은 겸양어를 꼭 사용하도록 하자.

　상담심리학에서는 내담자를 아늑하고 푹신한 의자에 앉힌 후 자기 이야기를 편하게 말하게끔 유도하라고 강조한다. 내담자의 심리적 안정감을 위해 사용하는 기술로는 행동을 따라 하는 미러링과 뒷말을 따라 하는 백트래킹 기술이 있는데, 이는 '나는 당신과 크게 다르게 생각하지 않아요. 나도 당신과 비슷한 사람이에요.'라는 것을 무의식중에 전달하기 위함이다.

미러링과 백트래킹을 활용한 예시

　Q 빅데이터, IT 트렌드에 대해 공부가 많이 되었다는 생각이 드네요. 근데 저희 같은 주류회사는 필수소비재 기업이어서 이런

트렌드로부터 조금은 변방에 있지 않을까요? 지원자의 의견이 궁금합니다.

네, 저 또한 주류회사가 경기의 흐름에 무관하게 수요가 일정한 필수소비재 기업이라고 생각합니다. 그럼에도 최근 'JINRO is back' 바이럴 마케팅이 MZ세대에게 큰 반향을 일으킨 것을 보면, 광고 이면에 MZ세대가 무엇을 원하는지 치열하게 고민한 고찰이 있었다고 생각합니다. 주류가 필수소비재이기에 더더욱 주류 제품을 생애주기 전반에 걸쳐 이용할 MZ세대에게 관심을 기울여야 한다고 생각합니다. 이들은 휴대폰으로 모든 걸 해결한다는 특징이 있습니다. 그래서 SNS, 비정형 데이터 분석과 같은 저의 데이터 기반 사고력이 필수소비재 기업인 주류회사에도 도움이 될 것이라고 생각합니다. 이 부분에 대한 끊임없는 연구로 모든 세대를 아우를 수 있는 주류기업으로 도약하는 데 기여하겠습니다.

3. 회사에 대한 적나라한 비판

면접관이 직접적으로 요구하는 것이 아니라면 회사의 서비스나 사업 방향에 대한 비판을 삼가는 것이 좋다. 지원자 중에는 차별화를 위해 무턱대고 건설적인 비판이라는 명분으로 비판을 주된 콘텐츠로 삼는 사람이 있다. 회사가 출시한 애플리케이션을 리뉴얼해야 한다거나, 사업의 방향이 시대를 역행하고 있다고 지적하는 식이다. 우리는 이런 단점을 갖고 있는 회사의 일원이 되기 위해 면접장에 왔음을 상기해야 한다. 우리가 해야 할 건 설득이지 비판이 아니다. 회사에 대한 평가는 가급적 긍정적으로 묘사하자. 다음과 같은 적나라한 비판은 삼가는 게 좋다.

"은행 애플리케이션의 UI/UX 디자인을 좀 더 소비자 친화적으로 바꾸고 메뉴 체계를 단순화시켜 직관성을 높여야 한다고 생각합니다."
"카카오뱅크와 같은 후발주자의 위협에 맞서 대면 점포에 키오스크를 설치하고 조직 구조를 슬림화해야 한다고 생각합니다."

회사에는 수많은 이해관계자가 존재한다. 예를 들어 카드사의 경우 결제 애플리케이션을 수정할 시 메뉴와 아이콘의 디자인을 브랜드 전략팀에서 컨펌해줘야 하고, 메뉴의 카테고리 구성은 UI/UX팀에서 담당한다. 또 그 안의 지문인증, 홍채인증 등의 기술은 핀테크팀에서 담당하고, 은행과의 연계 프로모션은 제휴사업팀에서 담당한다. 완성된 결제 애플리케이션의 프로모션은 영업마케팅팀에서, 언론 홍보는 홍보팀에서, 전략 자체는 디지털 전략팀의 담당 임원이 책임질 것이다. 어림잡아 수백 명에 가까운 사람이 직간접적으로 관여되어 있다.

인간은 누구나 스스로를 중요한 존재라고 생각한다. 눈앞에 있는 면접관 중 해당 애플리케이션에 관여한 이해관계자가 없다고 누가 장담할 수 있겠는가? 또 너무 적나라한 비판은 업무 평가가 우수하고 충성도가 높은 인원 위주로 선출되는 인사팀 직원의 자긍심을 훼손시킬 우려가 있다. 그렇기에 회사에 대한 부정적인 묘사는 삼가도록 하자.

우리는 이미 말의 재료가 충분하다. 굳이 이런 말을 할 이유도 없고, 다른 차별화 포인트도 차고 넘친다. 변화의 바람을 일으키고 싶은가? 겸손한 자세로 입사한 다음에 시도해도 늦지 않다.

4. 이직을 연상시키는 발언

인사팀의 평가척도 중에는 신입사원의 '이직률(Retention rate)'이란 것이 있다. 신입사원을 잘 보존하는 것이 그들의 주요 임무 중 하나인 것이다. 이 때문에 인사팀은 회사에 오래 다닐 수 있는 인재를 원한다.

만일 지원자가 이직의 가능성을 강하게 풍긴다면 아무리 뛰어난 인재라도 뽑지 않을 것이다. 직장인은 도박을 선호하지 않는다. 인사담당자는 이직할 가능성이 높은 우수한 인재보다, 보통의 인재를 우수한 직원으로 육성시키는 것을 선호한다. 미국의 온라인 쇼핑몰 자포스는 4주간의 신입사원 연수기간 중 일주일이 지난 시점에서 퇴사를 원하는 사람이 있을 경우, 3천 달러의 사퇴보너스를 지급하고 내보낸다. 이는 자포스 문화에 적응하지 못하는 신입사원이나 그냥 돈 때문에 일하고 싶어 하는 사람을 배제하기 위한 장치다.

이직을 연상시키는 발언의 유형은 크게 두 가지다. 하나는 연봉에 대해 언급하는 것, 다른 하나는 중고신입임을 밝히는 것이다. 면접관이 지원 동기를 묻거나 자신의 회사 장점에 대해 물을 때 연봉과 복지에 대해 직간접적으로 언급하는 경우가 있다. 지원 동기에 연봉이 포함되면 다른 곳에서 높은 연봉으로 이직 제안이 올 경우 떠난다는 뜻으로 비춰질 수도 있다. 더군다나 반도체, 디스플레이 산업군의 경우 2~3배의 연봉을 제시하는 중국 업체의 스카우트로 인한 기술 유출 문제가 심각한 수준이다. 이러한 산업군에 취직하길 희망한다면 되도록 연봉과 복지 문제는 언급을 지양할 필요가 있다.

또한 자신이 중고신입이라는 점은 되도록 본인 입으로 말하지 않는 것을 추천한다. 최근에는 타 회사에 잠깐 근무했다가 다른 기업의 신입 채용에 새롭게 지원하는 경우가 흔하다. 1년 내외의 기간 동안 나름대로 많은 것을 느끼고 배웠겠지만, 신입 채용 면접에서만큼은 이를 화두로 삼을 필요가 없다. 면접관의 재직 연수는 최소 6년을 넘는다. 그들에게 1년 남짓한 경험이 과연 매력적으로 느껴질까? 아무리 타당한 이유가 있다 하더라도 굳이 중고신입임을 어필할 필요는 없다. 면접관으로 하여금 금방 퇴사할지 모른다는 인상을 남기기 쉽다.

무엇보다 중고신입임을 언급하면 반드시 그 이유에 대한 질문이 따를 것이고, 이에 납득할 만한 이유를 제시하는 것은 쉽지 않다. 득보다는 확실히 실이 많다. 새로운 회사에서 새롭게 출발하기로 다짐했다면 좋은 기억은 추억으로 남기자.

자기소개서
빈출 유형 가이드

    자기소개서에서 가장 빈출이 잦은 문항은 바로 지원 동기다. 현대제철은 '본인이 회사를 선택함에 있어 중요시 여기는 가치와 현대제철이 왜 그 가치와 부합하는지 의견을 서술해주십시오.', 롯데칠성음료는 '지원 동기 및 입사 후 포부', 아모레퍼시픽은 '본인이 회사를 선택하는 기준이 무엇이며 왜 그 기준에 동사가 적합한지 기술해주십시오.', 우리은행은 '우리은행에 지원한 동기는 무엇이며, 지원한 부문의 직무를 수행하기 위해 어떠한 노력을 해왔는지 기술하여 주십시오.', 동서식품은 '동서식품에 입사 지원한 동기는 무엇이며, 왜 자신을 채용해야 하는지에 대하여 구체적으로 기술하십시오.'라는 문항을 제시한 바 있다. 각기 다른 문장이지만 본질은 결국 '지원 동기'에 관해 묻는 것이다. 이러한 문항에는 가치관, 역량, 포부 세 가지를 조합해 답하는 식으로 접근하는 것이 효과적이다.

1. 가치관

나를 성장시키는 일, 세계인과 교감하는 일, 트렌드를 제시하는 일, 삶의 밀접한 영역을 바꿀 수 있는 일, 사회의 발전에 이바지하는 일, 선한 영향력을 끼칠 수 있는 일 등이 해당한다.

2. 역량

글로벌 전략, 기획력, 디지털 전략, 영업 및 마케팅, 브랜딩 역량이 대표적이다.

3. 포부

"저의 ○○역량을 바탕으로 회사의 성장에 기여하겠습니다." "회사가 ○○할 수 있도록 기여하는 인재가 되겠습니다." 등 포부를 밝히는 것이 좋다.

위 세 가지 요소를 조합해 다음과 같은 답변을 서술할 수 있다.

"저는 저를 끊임없이 성장시킬 수 있는 회사에 지원하고자 했습니다. 저는 대학 재학 중 소비자 트렌드에 관한 연구를 꾸준히 진행했습니다. 그 과정에서 다양한 마케팅 리서치 방법론을 익힐 수 있었고, 학회 활동을 통해 소비자 기호 변화에 따른 소비재기업의 대응 전략을 수립하는 시뮬레이션을 수차례 거듭했습니다. 그중에서 가장 역동적으로 변화하는 산업군이 바로 화장품산업이라고 생각했고, 이 산업군에서 제가 가진 역량을 가장 잘 발휘할 수 있다고 판단했습니다. 소비자의 지식 수준이 높아짐에 따라 성분에 최우선 순위를 두는 경우가 증가하고 있습니다. 아모레퍼시픽의 R&D팀과 협업해 보다 깨끗한 기초화장품을 기획하고, 장기 성장성을 높이는 데 기여할 수 있는 마케터가 되겠습니다."

"저는 기획력과 추진력이 저의 핵심 역량이라고 판단했고, 이를 가장 잘 활용할 수 있는 회사에 지원하고자 했습니다. 주류산업은 각 주종별로 치열한 마케팅의 격전장이고, 다양한 조직 활동을 통해 얻은 저의 사회성을 극대화할 수 있는 현장이라고 판단했습니다. 저는 2년간 수도권 단위의 레저동아리를 운영하며 다양한 성격의 사람들을 하나로 모으는 일을 했습니다. 그 속에서 인간 관계와 도전 정신에 대해 배울 수 있었습니다. 제가 만약 하이트진로의 영업 직군에 입사하게 된다면 각 지점과 소통을 게을리하지 않는 대화의 리더십을 바탕으로 지방 점유율을 보다 혁신적으로 높일 수 있는 인재로 성장하겠습니다."

그럼 '현재 귀하의 가장 부족한 역량이 무엇이며, 역량 개발을 위해 어떤 활동과 노력을 하고 있는지를 기술해주십시오.' 등 약점과 부족한 점을 묻는 문항에는 어떻게 대응해야 할까? 단순히 성격적인 부분의 단점을 언급하는 것이 아니라, 부족하지만 공부하고 노력하고 있는 것을 함께 언급하는 것이 좋다. 약점을 제시하되 충분히 극복 가능한 약점이어야 하며, 이를 보완하기 위해 노력하고 있다는 점을 부각시킬 필요가 있다. 이를 테면 "마케터로서 데이터 분석 능력이 필수라고 생각하는데 코딩에 대한 역량이 부족해 현재 파이썬을 독학 중에 있습니다."라고 기재하는 것이다.

'본인의 성장 과정을 기술해주세요.' '지금까지 살아오면서 가장 도전적·열정적으로 임했던 일과 그 일을 통해 이룬 성과와 느낀 점을 구체적으로 기술해주십시오.' 등 경험을 묻는 문항에는 단순히 유년기 시절의 경험부터 나열할 것이 아니라, 성장 내러티브를 녹여내는 것이 좋다. 자신이 어떻게 발전했고, 성장했는지 위주로 언급하면 된다.

또 '타인과의 갈등을 원만하게 극복한 경험에 대해 기술하시오.' 등 갈등 상황을 극복한 사례를 묻는 문항에는 그 갈등 상황 자체에 초점을 두는 실수를 범해서는 안 된다. 갈등 상황 속에서 자신이 주도적으로 합리적인 솔루션을 양측에 제시했고, 이를 통해 갈등이 해결되었다는 식으로 논지를 전개해야 한다. 예를 들어 자신이 동아리의 회장을 맡았으나 양 그룹 간의 이해관계가 맞지 않아 감정적으로 좋지 않은 상황에 처했고, 자신이 양 그룹이 만족할 만한 제3의 선택지를 제시해 갈등을 종식시킨 경험이 있다는 식의 전개가 좋다.

마지막으로 한 가지 팁을 주자면 자기소개서에는 자신의 역량을 간접적으로 드러낼 수 있는 밀도감 있는 문장이 꼭 들어가야 한다. 최근 구직 시장의 트렌드가 역량 중심으로 급격히 이동함에 따라 이 부분이 중요해졌다. 예를 들어 "저는 마케팅 학회를 운영하며 구글 애널리틱스, SQL 등의 프로그래밍 툴을 이용해 모의 경영 상황에 비정형 데이터를 분석하는 훈련을 지속했습니다." "저는 홍보대행사와 소비재기업에서 인턴 과정을 통해 홍보 영상 및 바이럴 웹페이지 제작을 담당해 비주얼 구현 역량을 키웠습니다." "저는 금융공학학회 활동을 통해 비상장기업 밸류에이션 실무, 수요 예측 등의 스터디를 진행했고 금융 데이터 활용 능력을 키울 수 있었습니다." "5만 명의 팔로워를 가진 패션 SNS

취업을 뽀개는 면접 레볼루션

를 직접 기획 및 운영해 비대면 마케팅 인사이트를 축적했습니
다."등의 표현이 이에 해당한다.

자신의 역량을 밀도감 있게 드러낼 수 있는 한 문장을 가급적
자기소개서 전반부에 삽입시켜 인사담당자의 시선을 끄는 것이
좋다.

담대한 태도로
최선을 다하자

　1979년, 미국의 외딴 시골마을에서 평균 나이 75세 남성 8명을 선발해 타임머신을 타고 20년 전으로 돌아간 것처럼 행동하는 실험을 진행했다. 실험을 진행하는 공간을 20년 전처럼 꾸미고, 옷과 신분증 그리고 유행했던 소품까지 구현했다. 불과 일주일 뒤, 거동이 불편했던 노구의 참가자들은 놀랍게도 자세가 좋아지고 악력이 세졌으며 기억력과 시력까지 향상되었다. 호텔 객실 청소부가 자신이 하는 일을 업무가 아닌 운동이라고 생각하자 실제로 운동 효과가 나타난 사례도 있다.

심리학자 대니얼 길버트가 말했다.

"어떻게 기대하든 우리는 기대한 대로의 삶을 살게 될 것이다."

정약용은 유배된 섬에서 자신의 처지를 비관하지 않았다. 오히려 "유배지에 도착해서 방에 들어가 창문을 닫고 밤낮으로 외롭게 살았다. 나에게 말 걸어주는 이 하나 없었기 때문이다. 그러나 나는 오히려 그런 상황에 고마웠다. 그래서 '이제야 독서할 여유를 얻었구나' 하면서 기뻐했다."라고 말했다.

여러분에게 묻겠다. 여러분은 어떤 마음을 갖고 현재를 살아가고 있는가? 활자가 닿는 모든 이에게 적어도 면접이라는 영역에서만큼은 기죽지 않고 '성공'을 경험하기 바라는 마음에서 나는 이 책에 다양한 노하우와 사례를 담았다. 나도 할 수 있다는 기대를 손에 쥐어주기 위함이다. 이 책이 단 한 사람에게라도 도움이 된다면 컨설턴트로서 활동한 나의 노력과 이력이 하나도 아깝지 않을 것이다.

정조는 『홍재전서』를 통해 "모든 일에 있어서, 시간이 부족하지 않을까는 걱정하지 말고, 다만 내가 마음을 바쳐 최선을 다할 수 있을지 그것을 걱정하라."라고 말했다.

면접을 준비한다는 건 인생에 있어 가장 방대한 범위의 가능성을 품고 있는 시간을 보내고 있다는 뜻이다. 그 방대함과 막막함에 때로는 혼란스럽고 초조할 것이다. 나 역시도 그랬으니까. 새로운 기회 앞에서 적어도 최선을 다했다는 것. 그것만으로도 앞으로 어떤 어려움이 닥치더라도 극복하는 데 큰 자산이 되리라 믿는다. 시 한 편을 끝으로 책을 마무리하고자 한다.

도예가의 혼

도예가의 작품은 반죽의 상태로 평가되지 않는다.

오랜 시간 공들여 구워 본연의 빛을 찾게 하고,

표면을 부드럽게 칠하고, 몇 가지 장식을 더한 뒤

그제야 도예가의 작품은 평가된다.

그러니 인생이 무르익기 전

감정 없는 감정사들의 메마른 평가에

상처받지 말아라.

나의 인생은 지금도 완성되어 가는 중이다.

취업을 뽀개는 면접 레볼루션

모든 일에 있어서, 시간이 부족하지 않을까는 걱정하지 말고,

다만 내가 마음을 바쳐 최선을 다할 수 있을지 그것을 걱정하라.

취업을 뽀개는
면접 레볼루션

초판 1쇄 발행 2022년 8월 15일

지은이 김단
펴낸곳 원앤원북스
펴낸이 오운영
경영총괄 박종명
편집 이광민 최윤정 김형욱 양희준
디자인 윤지예 이영재
마케팅 문준영 이지은 박미애
등록번호 제2018-000146호(2018년 1월 23일)
주소 04091 서울시 마포구 토정로 222 한국출판콘텐츠센터 319호 (신수동)
전화 (02)719-7735 **| 팩스** (02)719-7736
이메일 onobooks2018@naver.com **| 블로그** blog.naver.com/onobooks2018
값 15,500원
ISBN 979-11-7043-334-7 03320